精神科医が
診察室でつかっている
効く名言

ことばセラピー

精神科医
上月英樹《こうつき・ひでき》

さくら舎

つぶやき

私の人生の大半は、挫折《ざせつ》、不安、悩みの連続だった。

どちらかというと内向的で過敏だった私は、小学校低学年のあるころから、人前で話すことができなくなった。今でいう社交不安障害とでもいうべき激しい震えで、ときに吃音《きつおん》という形となった。

ＳＳＲＩ（抗うつ剤）はなく、「緊張しないよう」努力をし、さらに症状は悪化した。ひたすら本を読んだ。心理学、自己啓発本など……。

医師を志した大半の理由は、こころや精神を客観的に究《きわ》め、ひいては自己を見つめてみたいと……いや、症状を克服する力がほしかっただけかもしれない。

そんな私は、かずかずの名言や、目にし、耳にしたことばに支えられてきた。

生き残ってきた名言は、やはり悩める人々の指針となり有益であったから今も輝いているのだ。

我流の解釈や引用も多々あるものの、私は、青年期のこころの支えとして、そして精神科医になってからは、診察室にやってきた方のこころによりそうときのツールとして、世の名言をたびたび用いた。その中で効果的であったものを厳選したので、皆様のお役にたてれば望外の喜びである。

上月英樹《こうつきひでき》

もくじ

ことばセラピー

精神科医が診察室でつかっている効く名言

1 深呼吸セラピー

心が変われば
行動が変われば
習慣が変われば
人格が変われば
運命が変われば

行動が変わる
習慣が変わる
人格が変わる
運命が変わる
人生が変わる

井上裕之《いのうえひろゆき》

自分をほめる、人に感謝する、自分を尊敬するなど、こころを変えていくことが人生を変えていくことにつながっている。日々こころを変えていく勇気をぜひもちたいものだ。

島根大学医学部臨床《りんしょう》教授で経営コンサルタント兼セラピストでもある井上裕之のこのフレーズたちは、読んでいて韻《いん》を踏むかのようにリズミカル。しだいに調子にのってきますよ！　おすすめだ。まずはこころ、そして次に考えを変えることからはじめる（『なぜかすべてうまくいく１％の人だけが実行している45の習慣』ＰＨＰ文庫）。

温《あたた》かく、希望に満ち、感謝するこころ、ことばを思い浮かべよう。すべては、そこから変わるよ。変えられるんだ！

胸を張って、力を抜いて

佐田《さだ》玲子《りょうこ》

佐田玲子は、大阪市平野区で内科・小児科医として２００４年に開業し、地域医療に従事している。私は保険医なので、月３回発行の「全国保険医新聞」をよく読む。医学・医療分野の硬い記事が多いが、このWomen's Eye101（２０１５年12月25日）はよかった。

「肩を引いて胸を張って、肩は〝なで肩〟」は馬に乗っているときの基本姿勢だそうだが、**人生の歩み方にも参考になる**。

若いときは、ひたすら前を向き前進前進、中高年の私は、彼女が文中に記《しる》しているように、「今後の人生を、肩を引いて胸を張って、なおかつ肩の力を抜いて」生きていこう。実際、身体をそうしてみると、気持ちよく、すがすがしい。

人生とは
いかに良いカードを
手に持つかではなく、
手に持ったカードを
いかに上手く
使うかである

作者不明

他人と比較し、人をうらやむ人は多い。

特にうつ的なときは、自分がもっていないものを数える。私は診察室にやってきた方に、「**苦しいときは自分がもっているものを数えよう**」と提案する。

そんなもの何もないよという人が多いが、「あなたはしゃべれるし、歩けるし、握手できますよね。それから食事の味もわかる」などというちに落ち着く。

一脈通じるのが、この名言である。名言の宝庫、私の原点ともいえるロバート・ハリスの『アフォリズム』（サンクチュアリ出版）の中に見つけた。

現状を認め、受け入れ、さあ、これをどうするのか。まさに、もっているものを最高に使うことからはじめよう。

そのように努力していると、別のさらによいカードが手に入るかもしれない。

下を向いていたら虹《にじ》を見つけることはできないよ

チャップリン

世界の喜劇王、チャールズ・チャップリンは貧困の中で子ども時代を過ごしたが、貧しくても明るさを失わない母親のおかげで、困窮《こんきゅう》した中でも楽しさを見つけることができる人間に育っていったという。

さあ、十分充電したら上を向いて歩き出そうよ。虹というあこがれ、希望、成功を求めて。

苦しいとき、つらいときは、背すじを伸ばし、しゃんとしよう。いずれ来る人生の追い風をきちんと受けられるように。それに、下を向いていては、石ころや水たまりしか見えないよ。

虹も、希望の星も、明るい太陽も、上を向いてこそ見ることができるのだから。

ほほ笑みの練習をしましょう

モテない？　ただほほ笑むだけでいい、いつもニコニコしていればいいと美輪はいう。

笑顔で他人の悪口をいわない人を、誰が放っておきますか？　笑みを絶《た》やさず、人の悪口をいわないすてきな紳士や淑女《しゅくじょ》が集まって来るよ！

美輪は、「自分が変われば、世の中の人も変わります。何事にも丁寧《ていねい》で礼儀正しくて、ほほ笑みを絶やさず、穏《おだ》やかに和《なご》やかにしていれば、そんな人を嫌いな人はいません。（中略）ほほ笑むだけで人生が好転します。それだけでいい」（『楽に生きるための人生相談』朝日新聞出版）と。

こころを明るくするためにほほ笑もう。口角《こうかく》を上げて、次に目もとをくしゅっと、さらにお目当ての人には、ウィンクして、あいさつは明るく、いつも、相手より先に、そして続けて一言いおう。「おはようございます。今朝は空が真っ青ですてきですね」って。

私は、美輪明宏が回答者の一人の朝日新聞土曜版be「悩みのるつぼ」が大好きで、美輪担当分をまとめた本が出典である。

美輪《みわ》明宏《あきひろ》

財産をなくす者は
多くを失う。
友をなくす者は
もっと多くを失う。
しかし勇気をなくす者は
全《すべ》てを失う

セルバンテス

『ドン・キホーテ』の著者セルバンテスのことばが、ロバート・ハリスの『アフォリズム』（サンクチュアリ出版）にあった。

かずかずの喪失《そうしつ》体験を私たちは経験する。失業、経済的困窮、失恋、愛する人との別れなどなど。しかし、前を進んでいく、生きてチャレンジしていく勇気をなくせば、すべてを失う。

一呼吸おいて、新しい一歩を踏み出す勇気をもとう。

踏み出すためには、まず耐えねばならない。失敗の痛み、苦しみ、情けなさに、まず耐えねばならない。

じっと耐え、しかし希望や夢を見ながら耐えていくと、やがて勇気はわいてくるものだ。

生涯現役。やるだけやって死んでいくぞ！

久本雅美《ひさもとまさみ》

ＴＢＳ系「駆け込みドクター！運命を変える健康診断」で司会を務めるということでのインタビュー記事だ（朝日新聞土曜版be　２０１３年６月22日）。

とにかく元気、細い身体のどこにパワーが詰まっているのか。

「この年になると、ゴールが見えてくる。やり残したことはないか、もっとおもしろいことはないかって考えますよね」

人生の最終章に向かっての欲望が行動に変わるという。

「生涯現役。やるだけやって死んでいくぞ！」って。

これをコピーして、クリニック内に平積みしているが、よくはける。

「勇気をもらいました」といってくださる方も多い。マチャミ自身も、自ら発することばで勇気をもらっているはずだ。

誰でもいい。なんでもいい。まずは、憧《あこが》れることだ。

自分の人生を描いていくうえで、「この人みたいに……」というサンプルを持つことは、とても有意義だ。

職場の人間関係の悩みは多い。サラリーマンのストレスの80％くらいは、これではないのかと思うくらい、臨床場面ではよく聞く。

では、すてきな人はいないのですかと問うと、半数の人は「そりゃ、いますよ」とくる。じゃ、いやな人をどうにかする、したい話じゃなくて、**あなたがすてきになればいい**。なって嫌いな人も巻きこめばいい。その人も恥《は》じて、すてきな人に

すべてのオリジナルは、マネすることから始まるんだから

高橋《たかはし》　歩《あゆむ》

ならざるを得ないように。

それではどうするか、**素晴らしい人のマネをするのだ。そっくり！**　そうするとあなたが素晴らしい人になり、人事異動で素晴らしい人が去ったあとは、あなたが素晴らしい人となって、後輩があなたをマネる。それでいい循環が生まれるのだ。冒険家の高橋歩のことばを味わおう（『人生の地図』A-Works）。

どうしても悪口を言いたくなる人がいるとしたら、逆に、なぜそれほど関心を持つのか、自問したほうがよい

茂木《もぎ》健一郎《けんいちろう》

口を極《きわ》めて、ある人の悪口をいう人がいる。フランスの諺《ことわざ》に「好きの反対は嫌いではなく無関心である」というのがある。**嫌いも好きと同じくらい強い関心があるのだ。**

うらやましい！　自分もそうしたいけどできないからが多い。だから脳科学者の茂木健一郎がいうように、「嫌いなはずの人の中に、実は自分が『うらやましい』と思っていることがあるのならば、自分もそれを身につけるように努力すればよい。相手の中に、自分の中にもある嫌な点を見ているのであれば、なんとか、それを克服するようにすればよい」（「悪口には大きなチャンスが潜んでいる」プレジデント　2014年11月3日号）

科学的にも、扁桃体《へんとうたい》などの感情の回路の性質で、「嫌い」は「好き」に近いことが示唆《しさ》された。これはコピーしてクリニック内に置いてあるが、よく読まれている。

とにかく、新しい毎日なんだ

ヘミングウェイ

多くの人が、新しい日を迎えたくても迎えられなくて亡くなった。その朝、新しい一日が、またはじまる。明るくやろうよ！

私は完全朝型人間である。忘れもしない、たらふく飲んでソファーで寝たために腰が痛くなって、思いのほか早く起きたことがあった。汗まみれだったので朝風呂に入ったが、その素晴らしさ、すてきさに圧倒され、それ以来、この7年ほど朝は3時半から4時半の間に起きている。

静謐《せいひつ》な、誰にも邪魔されない中で一日の予定を組んでいく。とにかく**新しい朝、一日のはじまりで、これは完全に私たちの手中にある**。だから大事にしよう。だって、明日が来る保証はないのだから。診察室で、宵《よい》っぱりの朝寝坊の方にいっている。

まずアナタ自身が幸せになって！母親のことは後回しになさい！

マツコ・デラックス

人気タレントのマツコ・デラックスのことばである。人生相談の形になっていて、さまざまな質問に答える本である（『続あまから人生相談』ぶんか社）。

「ダメな母親のトラウマから逃れるには」との問いに、このことばで答える。

診察室に頻繁《ひんぱん》にやってくる方がトラウマ、トラウマとおっしゃる。いわゆる心的外傷体験のことである。だいたい、誰かの影響と意識されるようになったのであれば、その人からの呪縛《じゅばく》から7～8割は解放されたと考えてよい。そして**最大の復讐は、自分の生き生きして充実した幸せな姿を見せつけること**である。

不幸をさらに追求してはいけない。**自分が幸せになるためだけにエネルギーを使いなさい！**　あの大好きなマツコも、そういっているよ！

絶望の隣は希望です

やなせたかし

アンパンマンを生み、名曲「手のひらを太陽に」などの作詞をしたやなせたかしは、一瞬にして明るくなれる名言を残している。

絶望して闇が続くだろうと考えると、うつになることが多い（これは認知行動療法的にいうと、認知のゆがみの先読みの誤りということになる）。

どうだろう、絶望の隣には希望があり、**一寸先は光と信じ行動、前進、歩み出してみては！　動いてみては！**

いずれにしても絶望の中に、暗闇の中に留まっていても、佇《たたず》んでいても、ひきこもっていても、永遠に明るくなることはないのだから。芸術家のビッグネームのことばであるのが興味深くもあり、グンと後押しされるようだ。

私が、うつの底に沈んでいる方に、診察終了間際にささやくフレーズでもある。

ひとつ笑うと、ひとつ悲しみが減る。

口角を上げると脳内にドーパミン（喜びの神経伝達物質）が放出される。

つらいときこそ笑おう。口角を上げよう。

教育者で、不登校児や高校中退生のための私塾・師友塾を設立し、その塾長でもある大越は、「笑うことが内面を変える。心の動きと、顔や身体の動きは連動する。（中略）内面をしっかりさせたいのなら、外見を整えることが必要になる」（『こう考えると、人生は変わるよ。』ＰＨＰ研究所）という。

心と体はつながっているからね

大越俊夫《おおごしとしお》

一方、**強いストレスで泣きたくなったら、こころから泣くといい**。特に死別反応では、愛する人、ペットでも、失ったときの悲しみは計り知れない。

泣きつくすと意外にそのあとすっとする。なんだか肩のあたりが温かくなってすっきりする。泣きつくすと安心の神経伝達物質が多く放出される。気丈《きじょう》にふるまうのが日本では美徳とされるが、強いストレスのときはよくない。後に重いうつ病を発症することもある。

人間は
地位が高くなるほど、
足もとが滑《すべ》りやすくなる

タキトゥス

あれがほしい、これがほしい。そしてなかなか手に入らず落ちこみ、しょげ返り、そして時にうつになる。

まず多くの人は、金がほしくなる。一生懸命、時を惜《お》しんで働いて金ができる。とすると今度は使う暇がないから時間がほしくなる。社長になり、あるいは院長になり、人を働かせるようになり、時間も金も手に入ると今度は名誉が、肩書きがほしくなる。そして、**金も時間も名誉も手中におさめると、刺激がほしくなり、その挙句《あげく》スキャンダルに見舞われ、すべてを失い、振り出しに戻ることもある。**

欲望は限りないが、地位が高くなればなるほど、失うものが多ければ多いほど傷は深い。上昇志向が過剰に強い方に、自戒《じかい》を込めて古代ローマの歴史家、タキトゥスのことばを語りかける。

賞味期限切れの友情は、捨てるか買い換える

外山滋比古《とやましげひこ》

友人関係での悩みで来院される方は多い。中学時代からの親友と20年ぶりに会ったが、当時のお互いの境遇とは様変わりして、ぎくしゃくしたとか、結婚したとたん冷たくなったとか、果ては子どもの進学校に差が出て、相手とはもう二度と会いたくないなどなど。

人生も後半戦に入ると、親友といえど、それぞれが変化する。そんなとき、英文学者で評論家の外山滋比古のことばが生きてくる（『「人生二毛作」のすすめ』飛鳥新社）。

何事にも賞味期限があるのだから、自分を責めず、捨てるか買い換える。つまり、いったん交流を控えるか、新しい友人をつくることだという。「しかも、縁《えん》もゆかりもない、職業も経歴も考え方も違う。そういう人とのおしゃべりがじつにたのしいのです。新たな発見です」と。

どうするか迷ったとき、そっと背中を押してくれることばである。

人間万事塞翁《さいおう》が馬

『淮《え》南子《なんじ》』人間訓

人生の禍福《かふく》は予想できないという意の、きわめて著名なことばである。私たちは偶然か必然か、さまざまな境遇に置かれる。それが意に沿うことも沿わぬこともある。苦しい境遇にあるときは歯をくいしばり耐え抜くだろう。楽しい境遇のときは天国、ヘヴンの快楽に酔いしれるだろう。

人の禍福は移ろいやすく、たちまち変化する。だからつらいときも、人生を投げ出さず、辛抱《しんぼう》強く努力しよう。**絶望のまっ暗闇のあとに、希望の朝日が差しこむのだ。**そう信じ、少しでも歩んでいくことが大切だ。**苦しいときは助けを求めなさい。**君がまじめで誠実な生き方をしてきたなら、必ず親身になってくれる人があらわれるよ！　君が過去にこころから愛した人がいたら、その人が駆けつけるよ！

そんな人いないって？　じゃ、クリニックへおいでよ！

前を見ることに気力を集中して、後ろを見ることは忘れなさい

D・J・シュワルツ

後ろを見ている時間がもったいない。とにかく前を見よう。

人間の目は、なぜ前にあるのか。**前進するために、未来を想《おも》うためにある**のだ。未来は常に前にある。時間は限られている。後ろをふり返り、恨《うら》んだり攻撃したりうらやんだりする時間がもったいない。

アメリカの経営学者、心理学者でもあるシュワルツの名言は、前を向いてあくまでも前進していくときの後押しをしてくれる。青年期の方に診察室でよく話す。青年期は模索と前進のシーズンだから。なお、この名言が載《の》っているシュワルツの『心の力の魔術』（桑名一央訳　実務教育出版）は、私が高校生のころ購入し、それ以来手許にある。

何度読み返してもいい。「人生は考えたとおりになる」「成功する人は、人を見ず自分を見続ける」といった意味のことばがちりばめられている名著である。

知《エスプリ》は情《クール》にいつもしてやられる

ラ・ロシュフコー

ラ・ロシュフコー公爵フランソワ6世は、フランスの貴族、モラリスト文学者である。箴言集《しんげんしゅう》はあまりにも有名でフランス・モラリスト文学の最高峰といわれた。高校、浪人、大学時代の私のこころのバイブルで、やはり文学好きの友人とこの本について語り明かしたときのことを思い出す。

彼の名言は無限にあるが、このことばが大好きである。非常にひねたものが多い中で、これは直球勝負である。

ケンカは感情的になったものが必ず負ける。だから、勝とうと思ったら相手がいちばん気にしているところを刺激することばをそっとささやくだけでいい。

では**感情的にならない秘訣は、じっくり聴《き》き入り、「なぜ、この人はこんなことをいうんだろう」と考える**ことである。なぜ、なぜ？と。理由に関心が移って、しだいに落ち着いてくる。

状況？ 何が状況だ。俺が状況をつくるのだ

ナポレオン・ボナパルト

空気は読むものではない。つくるものだ。

職場の雰囲気になじめない。何をいっているの！ その新人の君が、元気にあいさつしていいムードをつくるんだよ！

KYということばが一時流行した。「あいつKYだから」などと蔑《さげす》むようにいう人がいて、賛同する輩《やから》も多い。

同類相憐《あわ》れんでいても何の発展もないよ。発達障害傾向が特に強く社会的にも大きな問題があり、本人も深く悩んでいるケースは別にして、空気はつくるものだ。あなたが！

そう考えると楽になり、**ほかの人の行動もある程度許せるようになる。**

最高の名誉とは、失敗しないことではない。失敗するたび、何度でも立ち上がることにある

エマーソンは、アメリカの思想家であり、哲学者である。これに類する名言は多く、スポーツ選手の多くも失敗するたび、立ち上がることの重要性を説いている。

失敗しないという人がいたら、その人は何もしない人である。精神療法的にいうと、**結果が失敗でも、大いに自分をほめるのがいい。**

なぜ、失敗したのにほめるのかって？

だって、君は頑張ったから。頑張ってやって、たまたま結果が失敗だからって、全否定したり、責めることはないだろ。そんなことをしたら、自分がかわいそうすぎるよ。

自尊心が育たなくて、また失敗しちゃうよ。

立ち上がるためにも、自分をほめて、リトライだ！

ラルフ・ワルド・エマーソン

最後のパットが決まるまで、何が起きても不思議はない

ゲーリー・プレーヤー

南アフリカ出身でメジャー大会で9勝し、いわゆる「キャリア・グランドスラム」達成者となったゲーリー・プレーヤーも、かずかずの名言を残している。「人間は努力するかぎり、迷うものだ」「ゴルファーの最大の敵は自分であり、他の誰でもない」などなど。

ゲーリーは最後まで何が起きるかわからないから、気を抜くなという。見方を変えれば、**最後まで結果はわからないのだから、劣勢でも、くさらずやろうよ**ということかもしれない。

いまを生きなさい——今日は、ここにしかない。大事なときはいまなのだ

エルバート・ハバード

いつやるか？今でしょ！

林《はやし》修《おさむ》

世界の名言王、エルバート・ハバード（『簡単な人生』薩摩美知子訳　サンマーク出版）と、林先生を一躍有名にした、著書の書名にもなっている名言のカップリングだ。

そう、今なのだ。今しかないのだ。何ボーッとしてるんだ。**今の連続が未来であり、目標であり、理想であり、希望なのだ。**

君の理想は、目的は、目標は何なの？まだ決まってないって！　なら「今を精いっぱい生きなさい、今を」

もう決まっているって！　そしたら「その目標を、目的を、理想をかなえるためにいつから、努力をするの？」今でしょ！

下を向いてはなりません。
いつも頭を高くあげていなさい。
そして世界を
真っすぐに見るのです

ヘレン・ケラー

下を向けば見えるのは石ころや水たまり。決して希望の星や太陽は見えない。**逆境のときほど眼差《まなざ》しを高くしよう。**

これに類する名言も多く、私たちは勇気をいただく。

私は、ヘレン・ケラーの名言の最後が潔《いさぎよ》く、すがすがしいと思う。

「世界を真っすぐに見るのです」真っすぐに、直視する。**なにごとも斜《しゃ》に構えず、現実を直視することからはじまる**と考える。

ハンディをものともせず、人生を全《まっと》うした彼女に敬意を表する。

挨拶は「あいさつ」から「明るく」「いつも」「先に」「続けて一言」

航空会社の新入社員用、接遇研修会での第一声が、これだという。さまざまな本に載っているので、ご存じの方もいるだろう。

挨拶は、人と接するときの基本中の基本であり、礼儀であり、演技でもある。

「明るく」「いつも」そして相手より先に。

先にいったほうが勝ちで、相手はいわざるを得なくなる。

そして、大切な人には、続けて一言。たとえば、「おはようございます。昨日は寒かったですね」などと。そうするだけで、その人にとって特別な人となり、二人で話をするチャンスが必ず来る。

新人の方には診察室で必ず話すが、多くの人は関係がスムーズになったという。**「あいさつ」は習慣で、習慣は人格になり、人格は運命となり、その人の人生を変える。**

うなずくときの「さしすせそ」
「さすがですね」「しびれます」「すてきですね」「ぜったい」「尊敬しています」

そして上司や憧れる人にとって、続けて一言をいいつづけて1～3カ月たったあなたは、特別の気になる存在となって、さしで話す機会が訪れる。そのときは、笑顔で「さしすせそ」だ。

これもさまざまな本に載っている。**対話で、相手をうれしくさせるときのキホン**だ。

さすが、「すてき」はもっともよく使われる。「しびれます」はTPOをわきまえて使おう。勘違《かんちが》いされることも多いから。

ぜったいは合いの手のような枕詞《まくらことば》かな。そして「尊敬しています」「尊敬していました」でおとす。誰を？上司を！　彼を！　彼女を！

「こう使いましょう」と診察室にやってきた方には紹介する。

「尊敬しています」などと何十年も、職場でも家庭でもいわれていなかった人にほど効《き》くのだ!!

2　出直しセラピー

したことの後悔は、日に日に小さくすることが出来る。していないことの後悔は、日に日に大きくなる

林《はやし》 真理子《まりこ》

反省しても後悔せずとはいっても、ついつい後悔することがある。しかし、後悔には二種類あると林真理子はいい切る（『生き方名言新書1　もっと幸福になっていいよね！』小学館）。

していないことの後悔は日に日に大きくなり、多くは晩年になって呆然《ぼうぜん》とする。くやしがる。なぜやらなかったのかと。やっていれば自分の人生は変わっていたのではないかと、じめじめ思い悩む。

だから、若気の至りでしてしまった失敗への後悔は気にせずに進んでいこうよ。だって、**生きていくうちにだんだん小さくなっていく**のだから。

こころが明るくなる名言である。

〝最初の3カ月〟はカウントしない

行正《ゆきまさ》り香《か》

春先に診察室にやってきた方に話す名言である。

変化への反応は2週間、死別反応は8週間を目安にする。

それをいってから、行正の文章を読んで聞かせる。

「人生には、就職、転勤、転職、退職といろんな変化が訪れます。(中略)どんな小さな変化も、初めの3カ月は大変です。(中略)だから私は変化のとき、『最初の3カ月はカウントしない』ことが大事だと思うのです。最初がつらいのは当たり前。(中略)ダーウィンは『生物は環境が変化するからこそ進化する』と言いました。だからつらい3カ月があったとしても、『自分は進化してるんだ！』と思い込むことも大事です」と(『行正り香の　はじめよう！　ひとりごはん生活』朝日新聞出版)。

これを聞いて、**つらくても3カ月はやってみようと笑顔になる人は多い。**

〝なんとかなる〟ではなくて〝なんとかする〟

広島県「カティ」さん（21歳）

著名人の名言ばかりが、私やクライアントの方を勇気づけるのではない。このことばが放送されたＴＯＫＹＯ ＦＭの「ありがとう、先生！」は小冊子（ジブラルタ生命保険株式会社編集・発行　２０１０年10月作成）になっていて、私の家の近くのガソリンスタンドに平積みになっていた。

手に取ると、**脳に稲妻！** ジブラルタ生命が、大人になった今でも覚えている、先生にかけてもらったことばを一般の人から募集してつくったもので、感激した私は、事情を話し、何十部か送っていただき、診察室にやってきた方へ渡した。

その中でも、なんとかしたい（願望）でもなんとかなる（成り行きまかせ）でもなく、なんとかするという強い意志（will）を絡《から》めることで、「カティ」さんは、「努力次第で成功をつかめると実感している」という。

森の分かれ道では
人の通らぬ道を選ぼう。
すべてが変わる

ロバート・フロスト

アメリカの詩人、フロストの名言である。

森の分かれ道、一方は整備された多くの人が通っている道、もう一方は誰も通らない道で草が生い茂っている。

さあ、どちらを選ぶ？

フロストは後者を選んだ。なぜなら、そちらのほうが魅力的だったから。

人生も同じ。**自分が好きな道を自分で選ぶ。だからこそ、結果についてはひきうけられるのだ。**特に、進学、就職、結婚は自分が決めることのできる、いや決めなければいけない人生の三大イベントだと、診察室にやってきた方によく話す。

自分のやりたいことがわからない？
そんなもの、
いくら深刻に考えたって、
きっと、一生わからないぜ。
とにかく、おもいっきり
五感を開いて。

冒険家の高橋歩は「行動」の重要性を説《と》いている（『人生の地図』A-Works）。歯切れよい文章で大好きである。

青年期の悩みがちで内気な青年は慎重で思慮《しりょ》深いからこそ迷い、心配し、前に進めない。困り果ててクリニックの扉《とびら》を恐る恐るノックする。もちろんうつ病が潜《ひそ》んでいないかを確認してから、大丈夫な人にこの文章を読んで聞かせることがある。

「なんでもやってみよう！」の精神で、好奇心に身を任せて、地球の上を動き回ってみよう。やりたいことは、頭で考えるものではなく、ハートで感じるものだ

高橋《たかはし》 歩《あゆむ》

冒険家の著者らしい、生きのいいくだりである。**ことばに勇気をもらう、ことばに後押しされる**ことも多い。やってやるぞと拳《こぶし》を突きあげ、「エイエイオー」と叫ぶ。

ことばとモーションのコラボレーションで、たちまち勇気、アドレナリンがわき出てくる。

いつか「自分の神」を持たなきゃ

中村うさぎ

この週刊誌は待合室の本棚に置いてある。私は精神科医を約30年間やっているが、このことばには参った（「うさぎとマツコの往復書簡」サンデー毎日２０１３年2月3日号）。

中高年で、まだ他責的な方のなんと多いことか！　若い人の新型うつ病（人生経験に乏《とぼ》しい未熟さをベースにして、さまざまなストレスでうつとなるタイプのうつ病）しかり！　そういう人へ一刀両断！

中村は、「今さ、『毒親』みたいなこと言う人たちがいるじゃない？　いい年して反抗期やってる人たちよ。彼ら（彼女ら）にとって、親はいまだに神なのね。でも、いつか、人は自分の神を持たなきゃならない。それが自立ってことじゃないのかしらねぇ？」と。

親のせい、上司のせいなど他責的なうちはダメ。自分で自分を、**このみじめで、客観的にはダメな自分をひきうけて、そこを出発点にして自分で自分を励ましていくことから人生ははじまる**のだ。

日記の初めの一行に、「今日もいい一日だった」と書いてしまうのだ

保坂《ほさか》 隆《たかし》

私と1歳違いの精神科医、聖路加国際病院精神腫瘍科部長の著書の中の一文である（『精神科医が教える50歳からの人生を楽しむ老後術』だいわ文庫）。

日記は朝書こう、なぜなら夜は疲れていてどうしても悪い話になるからとか、感謝日記を書こう、なぜなら感謝すべきことを思い出すことでこころが満たされるとか、日記についてはさまざまなことがいわれている。

その中で、この一文は群を抜いている。まず今日はいい一日だったと書くと、**強烈な暗示効果によって、よい日に思えてくる**という。そして、この一日のよいところを探して、安堵《あんど》するようになる。

日記を書いている、もしくは書こうとしている方に話してみると、よい反応が得られることが多い。

百里を行く者は九十を半《なか》ばとす

『戦国策《せんごくさく》』秦《しん》策上

こんなにやったのに成果が出ない。とっても尽くしたのに応えてくれない。もうダメだ。つまらない。この人生、あの人などなど。クリニックで悩みを語る方は多い。そんなとき、このことばをいってみる。

ですね！　そうだったんだ！　胸がすっきりしました、まだまだだったんだ、もうひと押しやってみます！　とふたたび澄んだ瞳《ひとみ》を輝かせて診察室を出ていく。そしてまた人生を、それでも前を向いて歩み出す。

百里をこう説明する。素晴らしい距離、**王道たる百里を進む勇気と能力のある君だから、中間点は九十里だよ**、簡単な短い距離をめざす人にはこの名言は伝えないが、王道すなわち百里をめざし突き進んでいるあなただからいうんだよ、ってね。

せめて自分ぐらい、自分を褒《ほ》めて認めてあげないと自分が救われません。
自分の味方になれるのは自分だけなのですから。
家族でも他人でも皆別の人間なのですもの

美輪《みわ》明宏《あきひろ》

自責にはメリットがないことは、健康心理学者のケニー・マクゴニガルが『スタンフォードの自分を変える教室』（大和書房）で述べている。自責により自尊感情(Self Esteem)を低下させ、さらにうつを深くする。**現状を認め、頑張っている自分を誉《ほ》めることで道は開ける。**

自己嫌悪《じこけんお》が流行《はや》った時代もあった。しかし最近の成功心理学の進歩により（これは、スポーツの勝利とも結びついていて異論もあるが）自分を肯定し、自尊感情を育《はぐく》むことが、より人間の幸せや成長につながることがわかってきている。

客観的には、どんな小さくとも劣《おと》っていても、これも現状の自分であり、そこから出発するしかないのだ。架空《かくう》の理想の自分をつくって、現状を否定してみても何の発展もない。美輪明宏のことばをかみしめよう（『花言葉』PARCO出版）。

見るまえに跳べ。能力なんてあとからついてくる

大越《おおごし》俊夫《としお》

考えがまとまらないとき、迷ったとき、どうしたらいいのかわからないとき。そんなときのアドバイス。師友塾の塾長、大越俊夫のことばだ（『こう考えると、人生は変わるよ。』ＰＨＰ研究所）。

「時間切れだよ」と判断し、行動してみる。**歩みはじめれば違った風景が見え、気持ちが変わっていくかもしれない。**そこで直面した問題点をクリアすると、新しい考えが生まれ、まとまっていく。まずは行動してみること。

行動の大切さも「感謝」同様、多くの書物に出てくることは皆さん、多くの人がご存じであろう。でも、**知ってるだけではダメだよ。実行してね。**

今日が
人生最後の日だったら、
今日やろうとしていることを
やりたいか？

スティーブ・ジョブズ

マハトマ・ガンジーの「明日死ぬかのように生きろ……」と一脈通じるスティーブ・ジョブズの名言だ（『スティーブ・ジョブズ全発言』桑原晃弥《くわばらてるや》著 ＰＨＰビジネス新書）。さまざまな人が同様のことをいっている。

おっくう？ やることがわからない？ 君は明日やる？ 来週やる？ 来月やる？ **何いってるの、明日なんて来るの？** 来る保証がどこにあるの？ 今日で人生が終わるとしたら誰と会うの？ 誰にメールするの？ 人の悪口いうの？ うわさ話するの？

やっぱり好きな音楽聴《き》いて、本読んで、憧《あこが》れて尊敬している人に手紙書いて、電話して……。するでしょ！ いつ？ 今でしょ！

一個の人間にとって もっとも恐ろしいのは、 気がつかないということです。 気がついてしまえば、 救う方法はあるものです

精神科診療では、病識があるかないかが大事である。深刻味に乏しく、病識が不確実か無《な》いことは重大な精神障害の可能性を示唆《しさ》する。

一方、カウンセリングではアメリカの臨床《りんしょう》心理学者、カール・ロジャーズの非指示的精神療法（来談者中心療法ともいう。あくまでも来談者を中心にして、悩みをすべて受け入れて、来談者の本来の欲求や意志に気づかせるカウンセリング技法）によりクライアント自身の気づきをうながしていく。

中国の文学者であり歴史家の郭沫若の

郭沫若《かくまつじゃく》

この名言と一脈通ずるものがある（『歴史小品』平岡武夫訳　岩波文庫）。

さまざまなこころの不具合を自覚してクリニックへ来られた方は大丈夫なのだ。だって自覚していて、知っていて、さらにそれをなんとかしようという向上心がある人だから。

敏感で傷つきやすい神経症圏の人々に、このように話をして名言を添えると、診察室の雰囲気も一気に和《なご》む。診察にやってきた方の肩からすっと力みが抜けていくのがわかる。

征服できると信ずる者が征服する。失敗してもつまずいても、あらゆる事情が絶望的であっても、立ちあがるには耐えねばならない

ある浪人生の手記より

行動の前提として耐えることはいうまでもない。耐えられるかどうか、いや耐えていく先に成功はある。

これが、**私が名言の力、ことばの力を実感するようになったはじめての文章**である（『私の東大合格作戦』昭和47年刊　エール出版社編）。有名大学へ一浪の末に合格した人の手記で、私が仙台での大学浪人中にむさぼるように読みすがった。

そうなのだ、「立ちあがる」つまりふたたび進みはじめるためには、まずこの苦しさ、みじめさに耐えねばならないのだ。まず耐えて、耐えて、そして努力するのだ。

やるせなさ、くやしさ、苦しさは当然出てくる。噴《ふ》き出してくる。それに耐えてこそ、次のアクションに移れる。二浪目も私は耐えて、努力した。そして、二浪目の夏から成績は飛躍的に上昇し、そして安定してきた。

どんな馬鹿げた考えでも、行動を起こさないと世界は変わらない

マイケル・ムーア

まず動いてみる。動いてみると問題点が見えてくる。そうして改善していく。少しずつでもポジションを変えていくほうが、とどまって、じっと考えこむよりはるかに進歩は早い。

これも数多くある「行動の重要性」を説く名言の一つである。**マイケル・ムーア監督がいっているとなると、なお心強い。**名言はそれ自体が力を発揮することはもちろんだが、さらに誰がいっているかの重要性も大きい。

彼のジャーナリスト、ドキュメンタリー映画監督、テレビディレクター、プロデューサー、そして政治活動家としての多彩な諸活動の源泉となることばであるのは興味深い。

あなたがなりたいと願う、
有能で、まじめで、すぐれた人を
心のなかに描いてみてほしい。
あなたのその願いは
時間がたつにつれてあなたを変え、
あなたをそうなりたいと願っている
人物につくり変えてくれる。
きっと

エルバート・ハバード

アメリカの著名な教育者で作家のエルバート・ハバードの至言《しげん》である。『簡単な人生』（薩摩美知子訳　サンマーク出版）の中にある。

私が診察にやってきた方によく話すのは、職場で憧れる人はいませんか、いたらその人をイメージして、その人のすべてを真似てみようと。

いつしかあなたはすてきな人になり、その人が異動したら、あなたが後輩から真似られて、職場のよい循環になるよと。

私が自分自身によく使う手の一つである。

私の誇《ほこ》りは
打率やホームランなどの
数字ではなく、
数知れぬ
敗北とスランプから、
その都度《つど》立ち上がったことだ

スタン・ミュージアル

人格者としても知られ、1969年にアメリカ野球殿堂入りした、史上8人目の3000本安打を達成したメジャーリーガー、スーパーアスリートである。

その彼の誇りは、数知れぬ敗北とスランプから立ち上がったことだというのだから、凡人の我々は、とても勇気づけられる。

もちろん、立ち上がるためには、**痛みや失意の気持ちを否定せず、向き合い、まず耐えなければならない。**

人間は思いの主人であり、人格の制作者であり、

自己啓発書と詩によって知られるイギリスの作家、ジェームズ・アレンの至言である（『「原因」と「結果」の法則』坂本貢一訳　サンマーク出版）。

自分自身が主人公なのだ。あなたがあなたの人生のシナリオをつくり、あなたが環境を選び、つくり、発展させていくのだ。そして、それがあなたの運命とつながっていくんだ。

環境と運命の設計者である

ジェームズ・アレン

逆に考えれば、**つまらない人生にするのも、実りある素晴らしい人生にするのも、あなた次第だ。**

責任は重いが、あなたには自由がある。選択する自由が！

あまりに他責的すぎる、しかし内省力はありそうな若者に語りかけることが多い名言である。

下足番を命じられたら、日本一の下足番になってみろ。そうしたら、誰も君を下足番にしておかぬ

小林一三《こばやしいちぞう》

日本の大実業家、小林一三の大好きな名言だが、これに類する名言は多い。

今やっている仕事を精いっぱいやりなさい、つべこべいわず。そうしていると、次の仕事が来る。

それを一生懸命やると、また次の仕事！　そして、**ついにあなたがやりたいその仕事が自動的に来るよ！**

悩めるサラリーマンの方によく使う名言である。

同様なものに、逆説的だが次の名言もある。

エルバート・ハバードの「支払われる報酬以上のことは絶対しないという者は、それ以上の報酬がもらえることは決してない」（『ガルシアへの手紙』ハイブロー武蔵訳　総合法令出版）。

給料が安いと嘆いて、中途半端にしか仕事をしない方に一喝《いっかつ》！

新しく出ていく者が無謀《むぼう》をやらなくて、一体何が変わるだろうか？

見城徹《けんじょうとおる》

新しいことをやろうとしている若者の背中を押してくれるような、幻冬舎社長であり名編集者の見城徹が藤田晋《ふじたすすむ》との共著『憂鬱でなければ、仕事じゃない』（講談社）の中でいっている名言である。

誰もがやってきた、もしくはやっていることを、まじめにコツコツやり続けることには意味があるし、それはそれで尊いことではある。

しかし、現状を打破し、変えていくには、ある種の無謀さは必要である。

まったく背景のない貧しい私が、はじめて医学を志したとき、「無謀だ」と多くの人にいわれたことを、昨日のように思い出す。

物事を考える人は大勢いるが、行動を起こすのはたった一人だ

何ごとか考え、やろうとするとき、さまざまな抵抗が生じる。こころにも、状況にもすべてに。そして多くの人がやめてしまう。

はじめに浮かんでくる「やろうかな」という考えを森田療法（大正8年に森田《もりた》正馬《まさたけ》により創始された神経質に対する日本独自の精神療法である。気分本位を改め、あるがままに目的本位に行動することにより症状の緩和《かんわ》をはかる）では「初一念《しょいちねん》」といい大切にする。

そのあと「やれなかったらどうしよ

う」「やったってどうなるもんじゃなし」「やりたくない」などの二念、三念、四念が押しよせ、結局やらない人が多い。

行動がすべてで、行動することにより気分も変わってくる。

行動にためらいや恐れが出てきた方に、あのド・ゴール元フランス大統領のことばだよと話すと、知っている年代の人はにっこりして、このことばから勇気をもらっていく。

シャルル・ド・ゴール

根本的な才能とは、自分に何かが出来ると信じることだ

ジョン・レノン

強く信じ、次に粘《ねば》り強く行動していくことの重要性を説いた名言も多い。

「人は〝ア・ハード・デイズ・ナイト〟（逆境）の中で進化するのです」（ひすいこたろう）

もちろんビートルズの名曲「ア・ハード・デイズ・ナイト」（作詞：ジョン・レノン）の流れの名言である。

成長は変化から、変化（進化）するには痛みをともなう。だから、さまざまな**耐える勇気をくれるフレーズが生まれる**。

同じように踏み出す勇気をくれるジョン・レノンのことばを挙《あ》げておこう。誰だって苦しんだり、怖い目にあうために生まれてきたわけじゃない。「君はどこへでも行けるのにどうしてそんなところにとどまっているんだい？」

死に至る病《やまい》とは絶望のことである

キェルケゴール

デンマークの哲学者、キェルケゴールが『死に至る病』（斎藤信治訳　岩波文庫）で語っている。

うつのとき、人は絶望し、ときに死を選ぶ。もう死ぬしか道はないんだと考える。心理的視野狭窄《きょうさく》である。

うつ病のことをloss of futureと表現することがある。未来はないと思うのがうつだという。うつの治療は安静や薬物療法と、いかに偏《かたよ》った考え方をしているかに気づかせ、そのゆがみを、認知のしかたを変えさせるかにある。いわゆる認知行動療法である。

そのとき、多くの人になじみ深いこの名言が生きてくる。**絶望さえしなければ死ぬことはないんだよ。**君はうつで、一方的かつ誤った考えをしているから絶望して死にたくなっているんだ。

私たちと一緒に、**希望を見つめる練習をはじめよう！**

顔とか、運動神経とか、センスとか、
才能とか、そういうので負けるのはいい。
それは、自分で選べるものじゃないから。
でも、
行動は、
行動することだけは、
決して、誰にも負けてはならない。

『夢をかなえるゾウ』やパラパラ漫画の鉄拳《てっけん》との3部作、すなわち『それでも僕は夢を見る』『あなたの物語』『もしも悩みがなかったら』など、かずかずのベストセラーで知られる水野敬也の恋愛ハウツーのラストである（『「美女と野獣」の野獣になる方法』文春文庫）。

この本には、行動するときのハウツーが事細かく書いてある。

モテないとお嘆きの方にざっとラブロジー（恋愛理論）を話したあと、このラス

なぜなら、
それを「する」か「しない」かは、
自分で選べるのだから。
震えが止まらない足は
――震えたままでいい。
一歩、前へ

水《みず》野《の》敬《けい》也《や》

トを紹介する。「震えたままでいい」のフレーズも、診察室にやってきた方に納得してもらえることが多い。あと一押し、あと一歩を、と。

人生は今である

作者不詳

名著『代表的日本人』を書いた内村鑑三《うちむらかんぞう》は『一日一生』で「一日は貴い一生である」といっている。

今注目を集めているアドラー心理学（オーストリアのアルフレッド・アドラーが創始。未来志向で人生を切り拓く）も、点と点のつながりが未来をつくるという立場だ。

目的、目標といえども、今日一日をいかに使い切るか、この与えられた今を、今日を、精神と肉体を精いっぱい駆使《くし》していかに生きるかで決まってくる。その点（一日）の積み重ねが人生であり、未来である。

思春期の若者が、「人生がわからない」「生きていく意味や生きがいが見出せない」などといってクリニックへ来るが、そんなとき私は迷わず、「**人生は今であり、今を精いっぱい使い切り、生き切ることから、はじめて人生は見えてくる**」といっている。

なにを考えるにせよ、あなたは実際に考えているものになりうるんです

オグ・マンディーノ

私は、青年期精神医学を専門として30年目に入る。限りない**可能性を秘めているがゆえの迷い、悩み、不安**につきあう。そして、最後に必ずこの名言を話す。

なりたいものが見つかったら、強くイメージしなさい。自分はダメだと思ったらダメでない人もダメになるよ！　医師になるんだと思ったら、白衣着てすてきな看護師さんと肩を組み病院で働く姿をイメージしつづけなさい。さらになりたい（願望）から、必ずなるんだ（意志）へ変えて思いつづけると、どうすればなれるか、一つ一つ浮かんでくる。それを君のまじめさで実践していけば必ずなれるよ。

このアメリカの自己啓発書作家、オグ・マンディーノのことば（『この世で一番の奇跡』菅靖彦訳　ＰＨＰ文庫）をはじめ、関連した名言は多い。話された若者は「**なれるんだ**」といい、瞳を輝かせ、明るくなる。

人生を最高に旅せよ

ニーチェ

このことばは、悩み多い神経症圏の若者に話すことが多い。失恋したの？　仕事ができないの？　人生はあなたの手中にある。

これからどうする？　それも君次第だ。自らがかじを切り進んでいける。**君だけが、君の人生を進めることができる。**

一度の人生。最高に旅をしよう！　こころが明るくなる名言の一つである。口ずさめば語感もとてもいい。**私はこれを口癖《くちぐせ》にしている。**だって「いつかは死ぬのだから」（『超訳　ニーチェの言葉』白取春彦編訳　ディスカヴァー・トゥエンティワン）。同書には、次のようにある。

「死ぬのは決まっているのだから、ほがらかにやっていこう」

いつかは終わるのだから、全力で向かっていこう。時間は限られているのだから。チャンスはいつも今だと。

3 逆転セラピー

心配性（しんぱいしょう）……想像力が豊か

ネガポ辞典制作委員会

「**心配性な人は想像力が豊かな人である**」このフレーズは、クリニックで、おそらく私がいちばん使う回数が多いものであろう。

『ネガポ辞典』（主婦の友社）は北海道の女子高生たちが考えたもので、ご存じの人も多いだろう。

「ネガティブ」を「ポジティブ」に言い換えるだけで、ガラリと気分が変わってくる。どこをどう見るかという認知行動療法と一脈通じるところがある。

心配性な人に「あなたは想像力豊かで、頭がとってもいい人だ」というとにっこりする。「あなたは、ああなったらどうしよう、いやああなってそうなったらどうしよう、ああなってそうならなかったらどうしようって、あらゆる可能性を考えることができる、頭がいい人なんですよ」と。

未来への最高の準備は、未来がないものとして生活することである

エルバート・ハバード

さまざまな自己啓発本が出版されている。診察室にやってきた方によく話す、**ファーストページを見なさい**と。

アメリカの教育者であり作家でもあるエルバート・ハバードの名著『簡単な人生』（薩摩美知子訳　サンマーク出版）の最初に出てくる名言である。

今、今、今がすべてです！

命のろうそくは一本、燃えつづけている。ほら！　そのボーッとして「あすやろう」（明日やろうは、ばかやろう）といっている君！　今だよ！　すぐやるんだ!!

われわれがだれかを憎むとすれば、
そういう人間の形の中で、
われわれ自身の中に
宿っているものを憎んでいるのだ。

ヘルマン・ヘッセの『デミアン』（高橋健二訳　新潮文庫）にある含蓄《がんちく》あることばである。

精神分析ではさまざまな自己防衛機制が紹介されるが、その中に「投影性自己同一視」がある。

母親がわが子の欠点を何回も罵《ののし》るようにいい我慢ならないとき、意外と母親も同じ欠点を幼小児期からかかえていて、いまだに克服や消化ができていないこと

われわれ自身の中にないものは、われわれを興奮させはしない

ヘルマン・ヘッセ

が多い。

自分の中のその欠点を子どもの中に見出し、いや映し出して、激しく叱《しか》るのである。

その可能性を話すときに使うことがあることばである。**気づき、自覚するだけでも、理解するだけでも、その過剰さにブレーキがかかる。**そして、似ているわが子が愛《いと》おしくなるのだ。

人は少々ブルーな気分で、適度な寂しさを抱えながら生きるのがいい

さまざまな依存症治療の第一人者で、「アダルトチルドレン」を日本に紹介したことでも高名な精神科医、斎藤学が『「家族」という名の孤独』（講談社）で述べていることばである。

斎藤は「人がこの世にあって、そんなにはしゃいで過ごせるわけがない。二〇世紀の後半、私たちはいつの間にか寂しさを抱えて生きるという苦痛を否認しようとしていた。そして、目前の仕事や名誉やセックスや金儲《もう》けを追求してきた」

という。

人生の、ことに前半戦を低めに推移する抑うつ神経症（うつ病ほど重くはないが、抑うつ気分、悲愴感《ひそうかん》、空虚感が長く続くもので、抑うつ人格などの性格起因性の軽うつ状態とも考えられている）の若者にこのことばを話すと、ほっとした表情になる人が多い。

寂しさを基調にしているから、時にある喜びがひとしおなのだ。そして、人生後半では、いわゆる円熟味が増して深みのある人になる。

斎藤《さいとう》 学《さとる》

毎日、自己のきらいなことを二つずつ行なうのは魂《たましい》のためによいことだ

サマセット・モーム

うつのときは、安静にして、必要があれば抗うつ薬を服用する。やりたくないことはやらず、やりたいこと、もしくは、やりたくなってきたことはやっていい。

ただし、やりたくなくてもやらなければいけないことがある。すなわち、起床、朝食、昼食、夕食、入浴そして就寝については、あらかじめ家族と時間を決めて、やりたくなくても実行していただく。

うつでないときは、安易にやりたいことだけをやるというのでは、人間のはばも出ず、成長もない。**一日二つ、いや一つでもいいから、嫌いな不得意領域を攻めてみることをおすすめしたい。**このことばは、サマセット・モーム『月と六ペンス』にある。

全然ダメで話にならないっていうときは、プレッシャーもかからない

羽生善治《はぶよしはる》

天才将棋棋士《きし》、羽生善治の名言である（『NHK「トップランナー」の言葉』知的生きかた文庫）。あの羽生にしてこのフレーズが出る。プレッシャーを緊張や不安と置き換えてもいい。

緊張や不安を悪いものと決めてかかり、それを排除したい、もしくは失《な》くしてほしいとやってくる方は多い。そのことにばかり目が行き、本来の目的や目標を完全に見失っている人もいる。だから**プレッシャーを感じて不安で怯《おび》えていることは、見込みがあるということ**なんだと考えよう。

可能性が十分あるのだから、不安と対峙《たいじ》して、いや、**びくびくはらはらしながらも進んでみよう**、実行してみよう。精神医学者、森田正馬が創始した森田療法（60ページ参照）的に不安な姿を、あるがままに、認めて受け入れてみよう。きっとそのほうがうまくいくよ。成長し成功するから！

ひどく憎んでいる限り、まだいくらか愛しているのである

デズウリエール夫人

類する名言は数多い。愛の反対は憎しみではなく無関心である、など。憎しみがわいてくるのは、好意はないのはもちろんであるが、その人、**その事柄について関心がある**ということである。

憎しみが消えなくて苦しいという方は、薬を求めるが、**時間つまり時薬《ときぐすり》のほかは化学薬品でも漢方薬でもない**。じゃ精神科診療は無力なのかというと、そうでもない！　なぜ無関心になれないのか？　なぜ、その人、その事柄に関心があるのか？

あなたがほしい、したいことをある意味で実現している人だからではないのか？　などと深めていく。

材料が不足したら臨床《りんしょう》心理士に無意識を探るためロールシャッハ検査を依頼する。フランスのデズウリエール夫人の名言とともに、診察室にやってきた方に検査をすすめたりする。

伸び悩む人に突然訪れる「ブレイクスルー」の法則

匠《たくみ》 英一《えいいち》

認知科学の専門家のことば（『「強い心」を身につける1日1分の習慣』青春出版社）を**自分に何千回と語りかけた。**診察で話すことばのベストテンに入る。

悩む、すなわち努力しても成果が出ない停滞期をへて、人にはブレイクスルー（大躍進期）が訪れる。

私は二浪して医学部に入ったが、予備校教師が入校式でいっていたことを思い出した。「勉強すると、少し成績が上がる。その後やっても成績は上がらず、いやになる時期が来る。俺はだめだって思う。それはチャンスだ。まじめな俺が勉強をやめようと思うんだから１００人中80人くらいは勉強を休む。だから投げ出さないだけで自動的に上位20人に入ってくるってね」

停滞期はチャンス。来たらラッキーと思え！　人生のすべてのシーンに使える！

オレ達はみんなドブの中にいる。でもそこから星を眺めている奴らだっているんだ

オスカー・ワイルド

行動すれば失敗することもあるさ。

いや、行動したから失敗があったんだ。

失敗して地に沈んでいるとき、私たちはそこから星（憧《あこが》れや希望、目的、夢）を見つめている人間になろうよ。

そしてまた、**歩み出すような人になろうね。**

ロバート・ハリスの『アフォリズム』（サンクチュアリ出版）にあり、著者自身も語っているが、これはナンバーワンの名言と私も思う。とても大切で、宝石のような光を放つ、**魂を温《あたた》かくするフレーズ**で大好きだ。

失意の挫《ざ》折《せつ》体験のあと、悩みを涙ながらに語る方によりそうとき、そっと、やさしく、この名言をささやいてみる。

厳しい仕事は人を幸福にするのである！

D・J・シュワルツ

アメリカのジョージア州立大学教授であり、経営学者、心理学者でもあるシュワルツも、かずかずの名言を残している。

これは、**うつの人には不適当な名言**であろう。

食欲、睡眠などに変化が生じて、本来好きでやっていた趣味的なものにも興味がなくなって2週間以上経つ人は、うつの可能性が出てくるので、厳しい仕事はさらなる悪化を招くので、やさしい仕事をやることをおすすめする。

うつでない人は、厳しく、やや困難を感ずる仕事のほうが**達成感を高め、スキルアップにもつながる**ので、自尊心の向上もあいまって、最終的には幸福感が得られるのだ。

人間、生きていれば
必ず不幸に出会う。
目の前の扉《とびら》がぴしゃっと閉まる。
その扉の前でわめいたり、
だれかのせいにして恨《うら》んだりしていても
しょうがないんや。

「人生に乾杯！　精いっぱい生きることや」

これは勇気が出る。コピーして診察室に置いてある。「院外持ち出し禁止です。コピー希望の方は受付まで、申し出てください」と書いて（週刊朝日　２０１２年10月12日号）。

ケガで片方の視力を失いながらも、アメリカで「ヨシダソース」を発売して成功

扉がバシッと閉まったら、必ずどっかで別の扉が開いとる。何か不幸が起こったとき、せっぱ詰まったときに、チャンスが訪れるんや

吉田《よしだ》潤喜《じゅんき》

した。世界中を飛びまわりチャリティー講演も盛んにおこなっている。

まさにそのとおり。ピンチはチャンス！　**ピンチをピンチと見るか、横から下から上から見て、要するに見方を変えてチャンスと見るか**。君はどうする！

成長には苦痛がともなう。痛いのだ。成長へのチャンスと考え、バージョンアップをめざそう！

嫉妬心《しっとしん》と向き合うことは、自分の情熱と向き合うことでもある

鋭い分析で多方面で活躍がめざましい精神科医、片田珠美のことばは興味深い（『嫉妬をとめられない人』小学館新書）。

嫉妬で苦しみ、クリニックに来院する人は多い。そもそも嫉妬するということは、私だって魅力があり、力があるから、もうちょっとで届くのに、まだ届いていないという状況が前提となる。**力はあるのだ。**

私は、イチローに嫉妬しない。福山雅治《ふくやままさはる》に嫉妬しない。天と地、月とスッポン

片田《かただ》珠美《たまみ》

だからだ。でも、たとえば高校生のころ、甲子園にレギュラーとして出場した人なら、イチローに、こういって嫉妬するかもしれない。「イチローはたまたまよいコーチに恵まれただけだ。俺だって一流のコーチに育てられれば、何とかなっていた」と。それと嫉妬心がわくということは、**自分が求めていたものがクリアにもなる**。

嫉妬を忌《い》み嫌わず、自分を高めるよい機会ととらえたいものだ。

あなたが生まれてくる確率は、宝くじの比じゃない

千田《せんだ》琢哉《たくや》

これは、**瞬時にこころを明るくする名言**だろう。この世に生まれてきただけで強運である。こころ折れたかのごとく落胆し、涙にくれている方にいってみる。多くの人は顔を上げ、瞳《ひとみ》に輝きをとり戻す。

イノベーション・クリエイターである千田は、「あなたがこの世に生まれてきた確率を考えたことがあるだろうか。男性の1回の射精に含まれる精子の数を便宜上、仮に1億としよう。あなたの両親が巡り逢う奇跡的な確率、避妊せずにセックスする確率、その他諸々の条件をすべてクリアした結果を考えると、軽く『兆』単位を突破する。（中略）天文学的な奇跡の強運の持ち主であり、体力の持ち主であり、選りすぐりのサラブレッドだと断言できる。ダメなヤツがこの世に生まれてくることはあり得ない」（『たった2分で凹《ヘコ》みから立ち直る本』学研パブリッシング）と。

いかなる教育も逆境に及ぶことなし

ベンジャミン・ディズレーリ

ピンチはチャンスである。何の？　成長のためのチャンスである。

いつも決まり切った、慣れた仕事だけしているのでは伸びない。職場の人事異動で思いもかけないセクションに配置されたとき、飛ばされたと嘆くか、この逆境をチャンスととらえ、ひとまず試しにやってみようと考えるかで、前者はうつになり、後者は明らかに成長する。

認知行動療法的アプローチは世界中で盛んにおこなわれるが、目の前の事態をどう考えるかで気分もその後の行動も一変する。**人間は失敗や逆境からしか学ばない。**

イギリスの政治家であり、作家としても活躍したディズレーリの名言である。

よく覚えとけ。現実は正解なんだ。時代が悪いの、世の中がおかしいと云《い》ったところで仕方ない。
現実は事実だ。
そして現状を理解、分析してみろ。
そこにはきっと、
何故そうなったかという
原因があるんだ。
現状を認識して把握したら
処理すりゃいいんだ。
その行動を起こせない奴を
俺の基準で馬鹿と云う

立川談志《たてかわだんし》

談志は鋭い。感情を優先せず客観的に、理解、分析、認識そして行動の重要性を説《と》いている。

立川談志というと破天荒《はてんこう》で、わがまま、自己中心的と考えるむきも多いが、きわめて論理的な格言を残している。合理的、論理的なことをきちんと踏まえた上で、大胆なことを直線的に投げてくる。

談志さえもがこういっているのだから、と**妙に合点《がてん》がいくことばで、悩みで混乱している方によく話す。**

あの立川談志がねえ！　と驚かれることも多い名言である。

若いうちに数回失敗することは非常に有益である

トーマス・ヘンリー・ハックスレー

今日もクリニックの診察室に失意の若者たちがやって来る。就職試験や面接、失恋から大学受験の失敗など、さまざまな理由による。

「ピンチは最大のチャンスだから、今回の失敗から反省して多くを学ぼう」と私はいうが、にわかには受け入れてもらえない。せいぜい、人間は成功からは何も学ばない。「やったー、うれしい！」で終わりである。

特にアスリートなど、若いころ、**挫折を知らないことは残酷ですらある**。敗者の苦しさ、くやしさ、悲しみを知らないから。

イギリスの生物学者でもあり、医師、教育者のハックスレーの名言は奥が深い。すてきで思いやりのある人間になるためにも受けとめたいことばだ。

こだわることで生まれるものもあるけれど、こだわることで失われてしまうものもある

平間《ひらま》 至《いたる》

写真家としてニューヨークＡＤＣ賞金賞などを受賞し活躍している、平間至の含蓄あることばである（『ＮＨＫ「トップランナー」の言葉』知的生きかた文庫）。

こだわるということは、精神科的には完全主義を向けるということである。一般的には、仕事そのものに完全主義を向けると、立派な仕事ができ評価される。

しかし、**こだわりすぎるとうまくいかない分野が２つある。人間関係とこころとからだの状態である。**

親子関係でも、職場の人間関係でも、完全を求めると苦しくなり、相手は逃げ出しかねない。こころと身体の状態にも完璧主義を発揮すると気になってしかたなくなる。これを心気的という。

こんな話が必要な完全主義傾向の強い人に、この名言を用いて説明したりする。

世の中には、
沢山《たくさん》の幸福に恵まれながら、
たった一つの不幸のために、
自分を非常に不幸な人間だと
思っている人もあるし、
それかとおもうと、
不幸だらけの人間でありながら、
自分で何かの幸福を
見つけ出して、勇ましく
戦っていく人もある

下村湖人《しもむらこじん》

下村湖人は1947年に『次郎物語』を発表している。これは、その中の名言である。じつに70年近く前である。

この名言は、まさに認知行動療法における「認知のゆがみ」を彷彿《ほうふつ》とさせる。すなわち、**短所を拡大視し、長所を縮小視するため、うつになる。**もしくは、短所は双眼鏡で見、長所は双眼鏡を逆さにして見るためである。

どこを見るか、何を見つめるのか。

それにより、幸福にも不幸にもなる。見どころを変えてみると、こころがぱっと明るくなる。

どうせ生きているからには、苦しいのはあたり前だと思え

芥川龍之介《あくたがわりゅうのすけ》

苦しむことから逃げちゃイカン。人生はずっと苦しいんです。苦しさを知っておくと、苦しみ慣れする。これは強いですよ

水木《みずき》しげる

小・中学校の明るい先生たちの影響か、「生きることは楽しい」「楽しくなければ意味がない」と考える人もクリニックを訪れる。人生は楽しいほうがいいに決まっているし、みんなそうありたいと願っている。しかし青年期に入れば、他人との比較や客観的な自分の位置などが見えてきて苦しくなる人が多い。苦しみもがく時間のほうが圧倒的に長くなるが、**きらりと、一つでもいいことがあると苦しかったころが一瞬にして消える。**

人生は苦しいし、虚《むな》しいものだと私は考えている。だから本を読み、映画を観、恋をし、結婚するのだ。この二つの名言はこころにストンと落ちる。二人の大巨《だいきょ》匠《しょう》はさすがである。

「ありがとう」「感謝してます！」――この「強い言葉」を試してください

斎藤一人《さいとうひとり》

銀座まるかんの創業者、斎藤一人もかずかずの名言を残している（小俣貫太監修・清水克衛著『斎藤一人のツキを呼ぶ言葉』知的生きかた文庫）。

斎藤によると「ありがとうという言葉に勝る言葉はない」そうだ。「ありがとうございます」といわれた人は、**その瞬間に脳内モルヒネが分泌《ぶんぴつ》**される。

強い力をもつ「ありがとう」や「感謝」などのことばを、結果はどうあれ現状で精いっぱい頑張っている自分に、冷静でやさしい心をもった、もう一人の自分がささやくのだ、**勇気が出るよ！**

心理学で「メタ認知」というが、素《す》の自分、現実の自分のほかに、ななめ上方にもう一人の自分、すなわち冷静で温かいこころをもったもう一人の自分をつくるんだ。すてきな彼女や彼がささやいてくれれば無常の喜びだが、いつもいるとは限らない。でも、大丈夫！　自分でつくればよい！

自分の現状に
不満をもっている人間は、
それが環境のせいだと思っている。
そう思っている限り、
その環境から抜け出せない

多くの名言集には繰り返し、大事なこと、人生における真理が説かれている。

自己啓発書と詩によって知られるイギリスの作家、ジェームズ・アレンのこの二つの名言にはそれらが、クリアに集約されている。自らを変えよ、他人と過去は変えられないから。まず、自分をよきほうへ変えてごらんと（『コミック版「原因」と「結果」の法則』小山高生潤色・脚本 サンマー

郵 便 は が き

切手をお貼りください。

102-0071

東京都千代田区富士見一－二－十一
KAWADAフラッツ一階

さくら舎 行

住 所	〒 都道府県		
フリガナ		年齢	歳
氏 名			
		性別	男 女
TEL	( )		
E-Mail			

さくら舎ウェブサイト www.sakurasha.com

愛読者カード

ご購読ありがとうございました。今後の参考とさせていただきますので、ご協力をお願いいたします。また、新刊案内等をお送りさせていただくことがあります。

【1】本のタイトルをお書きください。

【2】この本を何でお知りになりましたか。

1.書店で実物を見て　2.新聞広告（　　　　新聞）
3.書評で（　　　）　4.図書館・図書室で　5.人にすすめられて
6.インターネット　7.その他（　　　　）

【3】お買い求めになった理由をお聞かせください。

1.タイトルにひかれて　2.テーマやジャンルに興味があるので
3.著者が好きだから　4.カバーデザインがよかったから
5.その他（　　　　）

【4】お買い求めの店名を教えてください。

【5】本書についてのご意見、ご感想をお聞かせください。

●ご記入のご感想を、広告等、本のPRに使わせていただいてもよろしいですか。
□に✓をご記入ください。　□ 実名で可　□ 匿名で可　□ 不可

人々の多くは環境を改善することにはとても意欲的ですが、
自分自身を改善することには、
ひどく消極的です。
かれらがいつになっても
環境を改善できないでいる理由が
ここにあります

ジェームズ・アレン

ク出版)。

究極の名言であろう。人は変えられないものを変えようとして苦しみ、うつになり、クリニックを訪れる。たとえば、上司、姑《しゅうとめ》、家族、生まれた環境や経済状況など。まず変えられるものに自分のエネルギーを注ごう。

変えられるものとは、もちろん自分自身と自分の未来だけ。

困難でない仕事というものは、たいてい価値がないものです

シャーロット・ブロンテ

孤児ジェーンが、当時の社会にあらがい新しい女性像を示した大ベストセラー『ジェーン・エア』の作者シャーロット・ブロンテの名言である。

今、まさに私は多大な困難に直面している。浅学をかえりみず、青年期精神医学の臨床を通じて得た経験と、それに名言をタイアップして悩める人々に資する本をつくろうとして。**困難で苦しいが、しかし、そのとき、この名言が助けてくれる。**

なるほど他にあまり類を見ず、新しい価値あるものをつくろうとしていると考えることによって。

「女子力」の高い人ほど上手に媚びを売る

石原壮一郎《いしはらそういちろう》

ゴマすりは、人間関係のスキルである

内藤誼人《ないとうよしひと》

コラムニストの石原壮一郎と、ビジネスシーンを中心に日常生活で実践できる心理学を研究している内藤誼人のことばである（プレジデントムック「女と男の心理×事件プロファイリング」プレジデント社）。

職場の人間関係で悩んで来院される方はじつに多い。ことに女性は、職そのものよりも、職にまつわるさまざまな人間関係に悩むことが知られている。

いずれにしても、そのとき、**上手に媚《こび》を売り、ゴマすりをして、少しでも人間関係がスムーズになれば幸いで**、私は両方とも肯定する。反論してくる方もいるが、私は次のようにいう。

問題は仕事そのものが円滑《えんかつ》に素晴らしく仕上がればいいのだから、どんどんゴマすりと媚は使うべきだとね。

道は、見つけるか、それとも、作るかだ

ハンニバル

戦術家として名高いカルタゴの将軍、ハンニバルの名言である。気迫と実行の人としても名高い。

青年期は、なにごとも初体験だ。とまどい、迷い、悩むことが多い。

悩むことは、自分には悩む力があること、迷うことは、自分には可能性が多くあることと考えなさい、と診察室にやってきた方にはいう。

では、まったく道が見えなかったら、そう、私たちが新しい未知の道をつくっていくのだ。武将ハンニバルのことばを支えとしながら。

困るということは、次の新しい世界を発見する扉である

トーマス・エジソン

ご存じ名言の宝庫というべきアメリカの発明王、トーマス・エジソンの極《きわ》めつきの名言である。

自分を取り囲む状況、自分を支配している感情をどう考えるかで、次の展開がまったく違ったものになる。

今までどおりの見方だから困ったのであって、じゃあ、この先をどう考えるか、どう努力するかで未知の素晴らしい世界が開かれると考えることによって、また一歩を踏み出せる。

まさに、**困ったときこそ大チャンスだ！**

4　脱力セラピー

人生は永遠の夢までの短い散歩

ファイナ・ラネヴスカヤ

長い人生で、時には傷つき疲れ、悩みに打ちひしがれる。そのとき、**口角《こうかく》を上げて前を向いてつぶやくフレーズ**。

ファイナ・ラネヴスカヤはロシアでもっとも愛された女優の一人。彼女のことばはファンに宛てた手紙から抜粋《ばっすい》されたものがほとんどだそうだが、そうなのだ、**eternal dream** 死までのちょっとした short walk にすぎないんだ、人生は。だから軽く行こうよ、肩から力を抜いてせいぜい楽しみましょうよ、と。ロバート・ハリスの『アフォリズム』（サンクチュアリ出版）で出会ったことばだ。

こころがすっと軽くなる名文で、私は大好き。ときどき眉間《みけん》にしわをよせて悩みを語る人々にいってみる。

Life is a short walk before an eternal dream.

やるだけやってダメなら、堂々とバンザイしていい

千田《せんだ》琢哉《たくや》

いくらやってもきりがない、介護、看病、受験勉強、子育て、子どもの教育などなど。本当にそうか？　自分を信じながら努力しつづけ、ある一線を越えると、自尊心が芽生え、**「とことんやった」感**が出てくる。そうすると結果はどうあれ、**後悔はとても少なくなる。**

ダメはダメでも二通りある。堂々たるダメと残念なダメ。

とにかくとことんやろう！　とにかく「おれはやった、精いっぱい、もうこれ以上はない」とふつふつと満足感、自己肯定感がわいてくるまではやってみよう。

千田琢哉のことばが道しるべになる

（『たった2分で凹《ヘコ》みから立ち直る本』学研パブリッシング）。

「これしかない」と考えるから負けてしまうのです

和田《わだ》秀樹《ひでき》

完全を求めるだけが成功の道ではない。先行き不安の要素が見えてきたら、**あえて第二の道を採《と》ることも必要**である。

熱意をもって突き進んでも、どうやら少し見当違いで、自分には合わないと思ったら、主流派はどうあろうと、第二の道を探ってみることである。

うつになりやすい人は、価値観の複線化が下手だといわれる。「これしかない」は「これがダメならすべてダメ」につながる。

世の中に一本道しかないなんてことはない。自分がとても苦痛で、努力してもなかなか結果が出なければ、他に道はないのか調べてみるのも本当に大切なことである。この精神科医のことばは示唆《しさ》に富む（『自分は自分　人は人』新講社ワイド新書）。

自信なんて、たいして役に立たないですよ

蛭子能収《えびすよしかず》

漫画家の蛭子能収の日めくりカレンダーにあることばである（『生きるのが楽になる　まいにち蛭子《えびす》さん』ＰＡＲＣＯ出版）。

うつ病でしばらく仕事を休んで、そろそろ復職かというときに、多くの方は「自信がない」という。そのときに、最近はこのことばを紹介する。とぼけたキャラクターの蛭子さんのイメージが彷彿《ほうふつ》し、雰囲気がなごむ。

蛭子さんは、「うまくいくかどうかなんて、ギャンブルみたいなもの。自信なんて気にせず、実行してみればいいじゃない」と書いている。

まさに、その通り！　**自信なんて、気にしないで！**

一視同仁《いっしどうじん》

韓愈《かんゆ》『原人《げんじん》』

韓愈は中国、唐《とう》の文人。このことばは、すべての人を平等に慈《いつく》しみ差別しないこと、えこひいきしないことであるが、精神科的視点でとらえようとすると次のようになろう。

私は診察等で多くの人に会い、相談を受けている。表情や態度でだいたい診断をつけなくてはならない。

医師も人間であるから、さまざまな感情や思いがわきあがる。平等に診《み》なくてはいけないと思いつつ、嫌《けん》悪《お》や怒りなどが出てくる。そのときは、なぜそうなるのか考え分析していく。

考えや分析は専門的になってしまうから省くが、要点は**平等に診られない自分を恥《は》じたり責めたりせず、分析し、考える**。そうすると自己理解を深め、一視同仁できるのだ。

分析に有用なのが精神科医、深間《ふかま》内文彦《うちふみひこ》著『うつの捨て方』（弘文堂）で、一読されたい。

絶対に失敗をしない唯一の人間とは、何もやらない人間のことである

セオドア・ルーズベルト

第32代アメリカ合衆国大統領であるフランクリン・ルーズベルトの親戚にあたるセオドア・ルーズベルトは、第26代大統領にして作家としても高名である。

その彼の名言は、**失敗続きの私たちを勇気づけてくれる**。

君は一生懸命やったから失敗したんだよ。だから自分をほめるんだ。

どこをほめるかって。失敗した自分をほめることとなんてできないって。

そうじゃなくて、「やってみた」「行動した」自分を思いっきりほめるんだ。

そうすると、やった自分についての自尊心が育《はぐく》まれ、次は成功に一歩近づくよ。

幸福人とは、
過去の自分の生涯から、
満足だけを記憶して
居《い》る人々であり、

詩人の萩原朔太郎は、まるで現在華々《はなばな》しく隆盛を誇《ほこ》っている認知行動療法（自身に起こった出来事が気分をひき起こすのではなく、それをどうとらえるか、認知するかで気分は決定づけられる）を予見したかのような名言を残している（『絶望の逃走』）。

そうなのだ。真実、現実、過去は変えられない。だから、それらを、**どう認知するか、どこを見つめるのか、どの方向から見るかで、気分ががらりと変わってくる。**

不幸人とは、それの反対を記憶して居る人々である

萩原朔太郎《はぎわらさくたろう》

診察室にやってきた方にいう。そんなにブルーになりたいの？　落ちこみたいの？　絶望したいの？　と。じゃないよね！　ハッピーになりたいよね！　うきうきしたいよね！　希望に満ち足りたいよね！　と。

のってくれれば臨床《りんしょう》心理士に依頼して認知行動療法のセッションを組んでもらうこともある。年配の人に萩原朔太郎の名前を出して、このことばを紹介すると、間違いなくのってくる。

人間は、自分が他人より劣《おと》っているのは能力のためではなく運のせいだと思いたがるものなのだ

プルタルコス

紀元1〜2世紀の昔の書物であるがファンは多い。プルタルコスは、ローマ帝国時代の著名なギリシャ人歴史家であるが、まさに現代でも通用することばたちの中から、診察室にやってきた方に逆説的に話すのがこれだ（『饒舌について』柳沼重剛訳　岩波文庫）。

かように一般の人々は不運とは考えても、自らの能力を嘆いたり、ましてや自らを責めて苦しんだりはしないのである。しかるに、うつ傾向に陥《おちい》ると**過剰に自責し**、「こんなに能力が低い私は何の値打ちもないし、生きていて申しわけないから死んでしまおう」などの思いが強くなる方さえいる。

「本当にあなたのせいなの？」「ほんとうだよ！」「じゃ証拠あるの？」「うーむ、証拠はない！」「じゃそうじゃなく、たまたまだったんじゃない？」……**自問自答をすすめている**。そうすると、しだいに表情がやわらかになる。

すべての人間の一生は、神の手で描かれたおとぎ話である

アンデルセン

うつで自殺願望、希死念慮《きしねんりょ》（もう生きているのがいやだから死にたいと考えるのが自殺願望で、自分は死ぬべきだ、死ななくてはいけないのだという思いが頭から離れなくなるのが希死念慮）をもつ方を死なせてはいけない。なんとしても。なぜなら、**こころは常に揺れ動いている**から。

苦しいから死にたい、死んで楽になりたい、どうしても生きたい、生きて愛する人を見ていたい、ずっとそばに寄り添いたいなどと、常に死と生が相克《そうこく》し、しのぎを削《けず》っているのだ。だからこそ死なせてはいけない。

精神科医は、いかに自殺させないかの仕事をしているといっても過言ではない。緩和《かんわ》ケア病棟で末期がんの人を診ている友人の女医は「悟って凛々《りり》しく死ぬ人は皆無《かいむ》だ。皆、死にたくないといいながら逝《ゆ》く」という。

自殺しなくても死は必ず訪れる。だから生きて自らに用意された物語を読もうよ。童話作家、アンデルセンのことばだ。

まず、第一に「自分を許す」ことです。次は「他人を許して」あげてください

インターネット・マーケッターとして活躍する起業家の小川忠洋は、「自分で自分を痛めつけるのは、もうやめましょう。（中略）他人は変えることができません。だから、他人に完璧になるように求めるよりも（それ自体、不可能なことです）、他人の不完全さを受け入れるほうが良いに決まっています。人にはそれぞれ、自分の好きなことをする権利があります。だから、あなたの思いどおりにならないのは至極当然のことなのです。心理学的にはよく怒る人ほど自尊心が低いといわれ

ます。つまり、セルフイメージが弱いと、他人にもよく怒るようになってしまうのです」(『自分を不幸にしない13の習慣』アスコム)と述べている。

恨《うら》む、怒るというのは膨大《ぼうだい》なエネルギーの損失だ。もったいない。

人はされたようにする。あなたが恨むと相手もあなたを恨む。その、相手に向けるエネルギーがもったいない。エネルギーは、本来あなたがよりよくなるためにだけ使おう。限りがあるから。あなたが許せば相手もあなたを許す。

小《お》川《がわ》忠《ただ》洋《ひろ》

声を落として話せば話すほど、女性は耳を傾けてくれる

マルセル・アシャード

フランスの劇作家、マルセル・アシャードの名言で、ロバート・ハリスの『アフォリズム』（サンクチュアリ出版）に著者訳で収録されている。

The lower one speaks the closer a woman listens.

ふだんはspeak、話して、ここぞというところでwhisper、ささやくといいよ。大事で伝えたいことほど、声高にしゃべりがちだから。

対人関係に悩む方に話し、重宝《ちょうほう》されている。しばらく経つと、その方がやって来て、「ついつい、大声で話しちゃいます。まだうまくできません」とおっしゃる。

私は「名言を意識してくださってありがとうございます。**あなたの頭に引き出しができたのだから、ここ一番、肝心《かんじん》なときに必ず役立ちますよ**」というと、にっこりされる。

感謝の念には幸福感が伴う

武者小路《むしゃのこうじ》実篤《さねあつ》

すてきなことばランキングさまざまあれど、1位は「ありがとう」の感謝のことばだ。3位くらいに「大丈夫！」が入る。「大丈夫？」ではないよ。

最新の脳科学によれば「口角を上げる」だけで、ドーパミンという喜びの神経伝達物質が放出され、元気になるのだそうだから。

「だから**笑顔で『ありがとう』といっていれば『大丈夫』**」と精神科へ来た、心配性で内気な方には話す。

多くの自己啓発本や名言集を読みこんできたが、「感謝」が載《の》っていないものはない。「俺は感謝してるぜ」という方でも、胸に手を当てて、身近な人、いや動物や植物も含めてイメージしてみると、意外と感謝を忘れている、口にすることを忘れていることが多いものだ。「幸福について」（『私の人生論』）にある武者小路実篤のことばをかみしめてみよう。

「第二の矢」に気をつけて

ジュディ・オング

ジュディ・オングは1979年「魅せられて」で日本レコード大賞を受賞し、さまざまな方面で活躍している。朝日新聞土曜版beの「元気のひみつ」(2013年3月2日)で、はっとするような名言を残している。

ジュディは「第二の矢」に注意して、と話す。

記事によると、「失敗や悲しい出来事で傷つくのが『第一の矢』。次に、**悔《く》やんだり、誰かのせいにしたりする、無益な時間が『第二の矢』**。自分でそれに気づいたら、早めに抜き取って、悲しみから立ち去りましょう。矢の毒が体を回る前に」とのことだ。

“You can’t have everything”「全部を取ろうとしてはいけない」

大橋巨泉《おおはしきょせん》

大橋巨泉は、セミリタイア生活の中で北米人から学んだという。「譲《ゆず》るところは譲れ」「人生、そこそこでいい」ということだ（『それでも僕は前を向く』集英社新書）。

大橋はこれを**人生後半のスタンダード**だという。完璧傾向は人生を苦しくし、うつ病にもつながる。完全主義はいちばん生産的で競争には勝つが、常に勝ちつづけられる人もまれであろう。

あの、常に明るく、成功しつづけていた大橋が後年たどりついたこのことばには深みがあり、傾聴に値する。

だから“You can’t have everything”「**そこそこでいい**」ということばは、こころを明るくする！　さまざまなところにガタがくる人生の後半戦においては。

人びとから
よい目でみられることに
いかに強い欲望をもつか、
人間性のうちで
この欲望ほど
顕著《けんちょ》なものはない

ジェームズ・ミル

これも示唆に富む名言である。**よく思われたい、いや嫌われたくない、という人がうつになりやすい。**職場や学校の人間関係の悩みでいちばん多いのがこれである。

自分のことをよく思っていない上司、教師、同僚や後輩がいるから、職場や学校へ行きたくない。それで休みはじめたら、診断書をもってきなさいといわれました式で、クリニックへ初診となる人がいる。

そういう方には、多才で著名なイギリスの歴史家・経済学者で哲学者でもあるジェームズ・ミルが『教育論・政府論』（小川晃一訳　岩波文庫）の中で述べている名言とともに、「あなたは皆を等しく大好きですか？」と。答えは否《いな》！　ふつう、大好き、嫌いと分かれますよね！

だから**自分を嫌いな人がいても、それが自然なんですと。**ほっとして、安堵《あんど》の表情を見せる人は多い。

女は、自分の運命を決するのに、微笑一つで沢山《たくさん》なのだ

太宰《だざい》 治《おさむ》

とにかく苦しいときは笑っていよう。

口角を上げて、目もとをくしゅっとさせて。

苦虫《にがむし》かみつぶして、何かいいことがあろうか？

口角を上げるだけで喜びの神経伝達物質ドーパミンは放出されるという。

女も男もスマイルは、**こころを明るくする強力な武器**だ。

これは太宰が『女生徒』の中で、女性について述べているフレーズだが、男性も笑おう、微笑もう。

「ありがとう」「微笑み」「悪口をいわない」は幸せの三種の神器と呼んでいて、診察室にやってきた方によく話す。まず、これから標準装備してください。そのあとに、いろいろすてきな素晴らしいオプションをつけよう。

青春の特権といえば、一言を以《もっ》てすれば、無知の特権であろう

三島由紀夫《みしまゆきお》

青年期はさまざまな表現がされる。モラトリアム（執行猶予《しっこうゆうよ》）……。つまり、責任を先延ばしにできる。「若いのだから」で許される。試行錯誤《しこうさくご》の時期である。

もちろん**すべてが初体験**、恋も、入試も就活もすべて。

知らなくて当然。先輩には何でも聞ける。いや聞いたほうが喜ばれる。俺を頼りにしてくれる、かわいい新人だって。

入学・入社したてで、自分がいかに無知で仕事もできないかを話しに来所する若者に、三島のこのことばを紹介すると、ぱっと顔が明るくなる（『私の遍歴時代』ちくま文庫）。

結婚は雪げしきのようなものである。はじめはきれいだがやがて雪どけがしてぬかるみができる

山本有三《やまもとゆうぞう》

ラブラブで浮かれた恋の状態で結婚して、冷静になってみるといろいろ見えてくる。そんなときの至言《しげん》、名言！ こころが明るくなる。えっ！ なりませんか？

「勇気が出る」「明るくなる」名言をコンセプトに集めたため、愛や恋にまつわる名言はわずかである。しかし、私がこれまで読みあさってきた数十冊の名言集の中で項目が多いのは、恋愛や結婚に関するものであった。それだけ、人生の中で重大で大切なものなのだ。

診察室の中でも男女の問題を論じ、話し合わない日は皆無である。**夫婦関係についての悩みのとき、さりげなくこの山本有三のことばをいってみる**（「夫婦げんか」『定本版山本有三全集第十巻』新潮社）。

「なんだ、そうなんだ」と微笑みを浮かべる方も多い。

初めの一歩は自分への尊敬から

ニーチェ

自尊感情（**Self Esteem**）**は、人格形成にとても重要**で、自分を認め慈しむことからはじまる。特に若いころは何もなく業績に乏《とぼ》しい自分を尊敬できず、自己嫌悪することのほうが多い。

私も青春時代はすべてのこと（顔、スタイル、性格、親の職業や貧しい家庭に生まれたことなど）を嫌悪していた。

フリードリヒ・ニーチェは「最初に自分を尊敬することから始めよう。まだ何もしていない自分を、まだ実績のない自分を、人間とは尊敬するんだ。自分を尊敬すれば、悪いことなんてできなくなる。人間として軽蔑《けいべつ》されるような行為をしなくなるものだ。そういうふうに生き方が変わって、理想に近い自分、他の人も見習いたくなるような人間になっていくことができる」といっている（白取春彦編訳『超訳 ニーチェの言葉』ディスカヴァー・トゥエンティワン）。

醜《みにく》い女なんていない。ただ、美しく見せるすべを知らない女がいるだけだ

ラ・ブリュイエール

フランスの道徳家で、『カラクテール――当世風俗誌』で人物や風俗を鋭く描写した、ラ・ブリュイエールの名言である。

醜い女とは何ぞや？ 顔が、こころが、スタイルがですか？ この名言に勇気づけられる人は多いだろう。「自分は醜い」という思いこみで、一切の努力を放棄すれば、そりゃ、醜いままだろう。そうではないと彼はいっているのだ。たとえば、うなずくときは、さしすせそ！ さすが！ しびれる！ すてき！ ぜったい！ 尊敬しています（尊敬していました）。

これができる人が美しい人、やらない人が醜い人。

さあ 笑顔についてはたくさん、たくさん名言が出てきた。美しい、温《あたた》かい、すてき、素晴らしい、チャーミングなど魅力的な女性に共通しているのは、笑顔だ。

美しく見せるすべの第一は笑顔、第二、第三は各人がそれぞれ探してね。

人の数だけ異見がある

テレンチ『フォルミオ』

いわずもがなローマの劇作家、ププリウス・テレンチの『フォルミオ』からの名言である。多くの名言集に載っている。すとんとこころに落ちるフレーズで、私は大好きだ。

姑《しゅうとめ》がこういった、部長があいった、夫がそんなことをいったなどなど、**人間関係にまつわる諸根元を高笑いするかの如《ごと》くの名言**。そうなんだよ。それぞれに意見があるんだよね。

考え方の違い。夫婦、兄弟、上司、仲間、すべてにあるんだ。あるものなんだ。そう考えると、すっとする。そこからはじめよう。理解、交渉などなど諸々のことを。

人生というものは、不公平を耐え忍ぶことから始まってるんじゃないか

石川達三《いしかわたつぞう》

芥川賞受賞者第一号の社会派作家として活躍した石川達三のことばも、こころに響く名言である（『私の人生案内』新潮社）。

不公平・不平等を不満に延々と愚痴《ぐち》をいう方は多い。なるほど、不公平ですね、と相づちを打つが、**もともと人間は、顔やスタイル、生家の財力など、不公平なもの**なのだ。

まず、不平等を痛感し、それに耐えて、そして**唯一、世界中のみんなに平等にある「生きる時間」**を、この一瞬一瞬を大切に努力していこうよ。

青年期の人々によくいうことばの一つである。

春は、必ずくる

——猫が教えてくれる「大切なこと」62

当たり前じゃんと思うが、英語がじんとくる。

"Spring always comes after winter."

after winter が意義深い。つらいときのあとに、だからいっそう春は楽しく美しい。ベストセラー『人生はニャンとかなる！』（文響社）の中に見つけた。類するものに"No Rain No Rainbow"。

うつ病は、時間とともに必ず改善し、治《ち》癒《ゆ》する。うつ病の方に、特に病《やまい》の初期によくこのことばを話す。**波がひくのを**

待つのが大事だよ。春は必ずくるよ。でも冬（うつ）のあとにね、と。

うつの経験もしかり。精神科では苦しみ損ということはない。不安、無力感、うつを経験すると、そういうことがわかる人間になる。他人の不安やうつに共感して、やさしくよりそえるようになる。

それが将来、母になり父になり、子どもや親族が悩み苦しんだときに共感できる力となり、信頼を得ることもできるようになるのである。

水野《みずの》敬也《けいや》・長沼《ながぬま》直樹《なおき》

愛をもって働くとは何か。
それは、心から縒《よ》り出した糸で
布を織ること。
あなたの愛するひとが
それを身にまとうかのように。
また想《おも》いを込めて家を建てること。
あなたの愛するひとが
そこに住まうかのように。

宗教や哲学に根ざした壮大な詩や絵画を残したレバノンの詩人、芸術家であるカリール・ジブランの詩の一節である。

これが収められている『預言者』(佐久間彪《またけし》訳　至光社)は、さまざまな影響を後世にあたえ、ジョン・レノンがビートルズの名曲「ジュリア」の歌詞に引用したことでも知られる。

一読して私も魅了された。愛と労働の本質がみごとに描かれている。**リズミカルで、声に出して読んでも心地いい。**

そして優しい心で種を播《ま》き、
喜びに満ちて刈り入れること。
あなたの愛するひとが
その実《みの》りを食べるかのように

カリール・ジブラン

一日最低一〇回、自分で自分をほめてあげよう

宮本真由美《みやもとまゆみ》

けなすんじゃなくて、ほめる。ほめようとすると、自分のいいところ、すぐれているところへ目が行く。

誰にもいいところは必ずあり、いいところを見つめるとこころが明るくなるよ。

『斎藤一人　すべてがうまくいくコツ49』（ＰＨＰ研究所）で、弟子の宮本真由美が紹介している。

ほめることに意味があるが、それよりもほめるところないかなあと、自分をそういう好意的な視点から見てみる、見つめ直すことによってこころが温かくなる。

一度やってみて、習慣にしてみる。習慣は人格となり、人格は運命となり変えられるよ。

人生は有限。だから惜《お》しむことなく挑《いど》みたい

藤田《ふじた》浩之《ひろゆき》

これは、コピーして土浦メンタルクリニックの読書棚に置いている。

クオリティー・エレクトロダイナミクス（QED）社長兼CEOの藤田のことばを、早朝、新聞で読んだときは、こころに勇気がわいてきた（「あの人とこんな話」朝日新聞　2013年10月14日）。

彼は「失敗こそが血となり肉となって人生の次なるステップへと向かわせてくれるのに、怖がって何もしない人がいるのが寂しい。**扉《とびら》の向こうに何があるか分からなければ、まず開けてみる。『違った』なら閉めればいい。**1日生きれば、人生の1日が減ってしまう。つまり人生は有限。何かを恐れている余裕などないのだ」という。

5　よりみちセラピー

人生の中で
なんどもなんども
繰り返し
「私は失敗した」
それが私が成功した理由だ

マイケル・ジョーダン

バスケットボールの神様とも称される天才、マイケル・ジョーダンにしての、この名言。凡才の私たちは強く励まされる。

一度失敗したら、一歩成功に近づける。だって、苦《にが》い、つらい経験をして、反省して、一つ強くなったから。

失恋すればするほど、素晴らしいよい女性にめぐりあえるというけど、そのわけは、自分を振った女性と街で偶然会ったら、向こうが声をかけたくなるくらいのいい男になるように意識して努力しつづけるからなんだが、そう何回も失恋はしたくないかい？

人生には
二つの悲劇がありますよ。
一つは心からの願いが
かなえられないこと、
もう一つは
それがかなえられること

バーナード・ショー

バーナード・ショーの長編喜劇『人と超人』にある名言で、**荷おろしうつ病**（重圧から解放されたあと、緊張の平《へい》衡《こう》を欠いて発症するうつ病）の方によく話す。

求めるものや人が得られないのは、もちろん苦悩であり悲しい。手に入れたものを失う喪失《そうしつ》体験は、言わずもがなである。双方がうつの誘因になりうる。

ところが**積年の願いが達せられた後、不安定になることがある**。たとえば、最近の医学部受験は熾烈《しれつ》を極《きわ》めているが、長い浪人生活をへて合格した半年後にうつになる。これは厳しい受験勉強と一体化して自己の安定を保っていたが、皮肉にも合格したことで均衡がくずれたためである。

好きなことや異性などにすぐ対象を変えられる器用さが求められる。人生は一筋縄《ひとすじなわ》ではうまくいかない趣深いものなのだろうか。そんなことをしみじみ考えさせる名言である。

人生を恐れてはいけない。人生に必要な物は勇気と想像力と少々のお金だ

チャップリン

生きる意味がわからないと悩みを語る方は多い。中高年になると、否《いや》が応《おう》でも守るべきもの、人、たとえば家族、老いた親などが出てくるので、そのためにも生きるんだとなるのだが、青年期はまだ模索中でなかなか目標や生きる意味が見えてこない。

そんなときに語りかけてみる。世界の喜劇王、チャールズ・チャップリンが映画「ライムライト」で、失意にある若きバレリーナにこういっている。

君に勇気はあるかい？　なになに少しはあるか！　想像力はどうだろうか？　そうありすぎるのが君たちで、そのために心配しすぎるぐらいだものねえ。お金も少しならあるのか。

じゃあ大丈夫。**君に用意された人生という物語がどんなものか見るために生きよう！**　生きてみるんだ！　生きて自らの人生のストーリーを確認するんだ！

前に進まなければ
足跡はできない。
やって後悔するか、
やらずに後悔するか。
私は
やって後悔したい

綾小路《あやのこうじ》きみまろ

「あれから40年」で大ブレイクした漫談家、綾小路きみまろが大好きだ。ＣＤを何枚も買って通勤途中でカーステレオで聴《き》いている。

あと一歩でブラックジョークになってしまうところを、彼のセンスと人柄で温《あたた》かい、老人たちへのメッセージとなり、精力的に発信しつづけている。

その彼の売れない時代の妻とのエピソードを語っている記事の中のことばがこれである（「あすの安心　晴れ時々」読売新聞　２０１６年3月13日）。

とにかく、やるしかない！　進むしかない！　当たり前だが、「前に進まなければ足跡はできない」のだ。そのしゃにむな姿勢を見て妻も一生懸命支えてくれたという。

迷ったとき、このことばに勇気づけられる。

成功するためには、成功するまで続けることである

松下幸之助《まつしたこうのすけ》

あのパナソニックの創始者、松下幸之助のあまりに有名な金言である。補足すると、「途中であきらめて、やめてしまえば、それで失敗である。（中略）成功するまで続けていく。そうすれば、やがて必ず成功するわけである」（『松下幸之助　成功の金言365』PHP研究所）。

これはとても励みになることばで「もう努力するのをやめたい」と思ったときの、**放棄への最大の抑止力**になる。

一寸先は光！　成功だから、もう少し、もう一歩二歩踏んばってみようよ。あの松下幸之助も、あきらめずに努力しつづけ、成功したのだからね！

Fake it till you make it

池田《いけだ》千恵《ちえ》

「できるようになるまでは、できるふりをしろ」そして、「余裕のあるふりをして、必死でその余裕な自分に追いつけ」と、池田は自分の好きなフレーズの意味を語る（『「朝4時起き」で、すべてがうまく回りだす！』マガジンハウス）。

はじめから、「できません」では話にならない。まず、イエス！　できるといい、できるふりをして、必死で努力してみよう。

まず、3分間だけでもやってみよう。もう10分間やれるかもしれないし、3分間でやめても、やらなかったよりはましだ。やれるふりをしてみよう。

池田は「身のほど知らずを承知のうえで『Fake it till you make it』を合言葉に、いつも大風呂敷《おおぶろしき》を広げます。そして、大風呂敷を広げた自分になるべく、未来の自分を必死で追いかけます。朝4時起きをしているからこそ、それが可能なのです」という。

なにもかもうまくいくわけじゃないんだから、なにもかもうまくいかせようとするのは、技術的にはまちがった考え方だ

阿佐田哲也《あさだてつや》

方法論として間違っていると、作家で雀士《ジャンし》の阿佐田哲也はいう。**完全主義を戒《いまし》める名言**は多いが、これもその一つだ（さいふうめい『阿佐田哲也勝負語録』サンマーク出版）。

強迫性障害というものがある。トイレのあと手を洗うが、まだ汚《きたな》いとまた洗う、繰り返しになり、もうきれいなのはわかっているのだが「それでも汚いのではないか」という強迫観念がわき起こり、皮膚がボロボロになるまで洗う不潔恐怖と強迫洗浄がよく見られる。

そのような方で**著《いちじる》しい強迫性格、白黒二分完全主義が病前性格として色濃くあれば、このことばを引用して話したりする**。マージャンをやる人にはまる！　マージャンをやらない人にもいってみる価値はある。

自分は“探す”ものではなく“つくる”もの

大阪府「マサイ」さん（31歳）

ＴＯＫＹＯ ＦＭの番組を書籍化した『ありがとう、先生！』（２０１３年　ＴＯＫＹＯ ＦＭ発行）からの名言である。一時、旅行会社のＣＭか何か知らないが、「自分探しの旅」だの、自分探しがはやったことがあった。

私は、この自分探しとか自己実現だとか大嫌い。「マサイ」さんが大学の入学式でいわれたように、自分は探すものではなくつくるものである。どうすればつくれるかって？　それはこれまでのかずかずの格言が雄弁に語るように、行動してみること、move 動くこと、チャレンジしつづけることだ。

自分を客観視することからしか自分は見えてこない。**内部を探していては見えないよ。人間は他者とのかかわりの中ではじめて見えてくる。**

FUCK！
口だけクン！
ぐちゃぐちゃ言ってねぇで、
とりあえず、
ガツンとやってみな！
足踏みしてても、
靴《くつ》の底は減るぜ

高橋《たかはし》　歩《あゆむ》

誰でも、はじめてのことは怖いよ。不安だよ。

勉強、就職、進学、恋愛、いっぱいいっぱいだよ。

だから躊躇《ちゅうちょ》するんだ。

そんな若者に一発、とっても効果的な名言。冒険家の高橋歩が『自由帳』（A-Works）の中でいっている。

「足踏みしてても、靴の底は減るぜ」の一文を披露《ひろう》すると、はっと我に返り、微笑みながら「やってみます」という方は多い。

力強い名言である。

家族の話はしょせん自慢か愚《ぐ》痴《ち》

下重暁子《しもじゅうあきこ》

アナウンサーを経て文筆活動に入った、下重暁子のベストセラー『家族という病』（幻冬舎新書）から。オビ文には「『家族はすばらしい』は欺瞞《ぎまん》である。これまで神聖化されてきた〝家族〟を斬る。」とある。

精神科医は診察室にやってきた方の全体像を把握しなければならないため、生活史や家族関係などを詳しく調べていくが、**一般の人間関係では、これは要注意**である。

だいたい**人の話の8割は自慢話**であるといわれているくらい、よく話を聴いていくと、自慢が入っていることが多い。職場はもちろん、近隣の人間関係で悩んでいる人は多いが、家族がらみの話を入れるとややこしくなる。

そんなとき、やや突き放したような、達観したかのようなこのことばにほっとする。

親はもとより大切である。しかし自分の道を見出《みいだ》すということは猶《なお》大切だ。人は各自《めいめい》自分の道を見出すべきだ

島崎藤村《しまざきとうそん》

私の専門は青年期精神医学である。青年期はモラトリアム（執行猶予《しっこうゆうよ》）であり、若さゆえにいろんなことが大目に見てもらえる。「若いんだから」で許されることも多い。

しかしこの時期が苦しい、真剣に自己と対峙《たいじ》する人には。男女を問わず多くの若者がクリニックを訪れる。アイデンティティ（職業と配偶者《はいぐうしゃ》に関するものが主だが）を確立しなければいけない時期だからである。そこで親や教師などと相反する進路や恋人に悩むことになる。

まわりの言うなりで選ぶのは容易だが、成功しても喜びや達成感はさほどではないだろう。失敗したらまわりを責め、成長はない。**苦しくとも自らの責任で道を求めていくしかない**。島崎藤村の『春』にあるこのことばは、診察時によく使う名言の一つである。

われわれの本性は運動のうちにある。完全な静止は死である

パスカル

うつ病で充電が必要なときは、安静にしてむやみに動いちゃだめさ。

でも、そこまで消耗していなければ、**どうしたらいいかわからなくなったら、ひきこもらず、とにかく動いてみよう。**行動してみよう。歩いてみよう。

見える風景が変わると気分も変わるし、新しい発見もあるかもしれない。哲学者のパスカルも、そういっているんだからね！（『パンセ』前田陽一・由木康訳　中公文庫）

私の人生哲学は本質的には単純な言葉だが、辛抱《しんぼう》強く頑張る所にある

ジョン・デューイ

すとんとこころに落ち着く大好きな、アメリカの進歩的な教育哲学者であるジョン・デューイのことばである（『ジョン・デューイの生涯と思想』G・ダイキューゼン著　三浦典郎・石田理訳　清水弘文堂）。辛抱強く！　頑張る！　粘《ねば》り強く、あきらめないで。これ以上のことがあろうか。成功者のことばは、いつもシンプルだ。敗れたものがぐだぐだいう。人を、環境を、境遇をいう。それらのせいにして他責的になる。こつこつやろう。一歩一歩あゆもう。まず一歩を踏み出そうよ。

辛抱のしかたかい？　君が歩みを止めたくなったら、休みたくなったら、まじめで頑張り屋のあなたがそう思うんだから、みんなそう考えて努力をやめてしまうんじゃないかな。だから、**もう少しだけ歩みを続けてみようよ。そのあとの一歩が成功を呼びこむんだよ。**

士別れて三日《みっか》まさに刮目《かつもく》して相待つべし

呂蒙《りょもう》

中国の三国志時代の呉《ご》の将軍である呂蒙の名言である。三日会わないうちにもお互いがすごい成長を遂げることもある。

青年期精神医学を志して30年が過ぎる。改めて、これを選んでよかったと思う瞬間がある。それは若い人は、3カ月、6カ月のスパンで著しく成長し、それを間近に見ることができるからである。

若人でなくとも、60歳を過ぎた私も、変化は苦痛であるが、進化している途中の証拠と信じて、進んでいる。

以前の彼、彼女と侮《あなど》るなかれ。常に成長していると信じ、前の先入観を捨て、しっかりと相手に対峙しよう。人はされたようにするから、**あなたが先入観なく澄んだ瞳《ひとみ》で相手に接すると、相手もあなたにそう接してくれる**。新鮮で新しい人間関係が生まれるかもしれない。

私という人間は今まで読んだ本を編集してでき上がっているのかもしれない。

名言を集めその名言で自分を勇気づけて前進しているとき、「結局、他人の考え」で自らをつくっているのではないかと、悩んだとき、この福原義春のことばに出会った（『私は変わった　変わるように努力したのだ』求龍堂）。

「私は本によってできている」と資生堂名誉会長はいい切る。そうだ、悩みつつも進んで生きている自分に、このことば

逆にいえば、本によって編集されたのが私なのだ

福《ふく》原《はら》義《よし》春《はる》

はしみた。泣けてきた。

いいんだ！　と。このまま進んでいいんだと。それから、なおいっそう名言を求めての旅にいそしむようになった。

なんだかんだいってくる論客の青年たちに、この文章を話すことも多い。**私にとって救いでもあり、私のアイデンティティの一部でもある。**私への金言と思って、ありがたく使わせていただいている。

あなたの前の雇主をよく言いなさい

D・J・シュワルツ

これは示唆《しさ》に富む名言である。シュワルツが『心の力の魔術』（桑名一央訳　実務教育出版）でいっている。

結婚もしかり。**前の雇主、前の配偶者の悪口をいいまくる人は永久に就職できないし、結婚もできない。**なぜなら、聞かされた新しい会社の面接官や恋人はこう考えるだろうから。「この会社や私も、いつかこんなふうに悪口をいわれるだろうなあ」と。

まず、他人の悪口をいっている時点で他責的である。100－0はなかなかない。反省していれば改善点や自分にも至らなかったところを見つけ、進化していく。そうすることによって、人間的にも成長することができる。

さらには、そういうことに気づかせてくれた前の職場や別れた元の配偶者に感謝するようにさえなるだろう。

行動すれば幸せが訪れるとは限らない。しかし、行動のないところに幸せは生まれない

ベンジャミン・ディズレーリ

　行動すれば、失敗することもある。しかしディズレーリは、失敗したら反省し(決して後悔せず)、考え、工夫しつづければ成功するという。ディズレーリは首相も務めた、イギリスの政治家である。

　うつ病になる人は自責が強い人が多い。過剰に自らの責任を追及する。そうするとせっかく行動したのが実にならず、かえってうつ的となって悪循環である。

　せっかく行動したのだからうまくいかなくても反省して、ポイントを見つけ、すぐレッツゴーだ！

　失敗したのは、行動したからだ。**行動して、たまたま結果がなぜか失敗だったというだけ**。だから行動した勇気をほめよう、行動したエネルギーをたたえよう。

最後まで…
希望を　捨てちゃいかん
あきらめたら
そこで試合終了　だよ

安西光義《あんざいみつよし》

ご存じ井上雄彦《いのうえたけひこ》の漫画『スラムダンク』から、湘北高校バスケットボール部監督、安西先生の名言である。

時間が迫っているからダメなのではなく、**あきらめたとき、道は見えなくなる**のだ。あきらめず、粘り強く追いつづけよう。

あきらめたくなったとき？

そんなときは、「強い自分すらあきらめたくなったのだから、多くの人が私のようにあきらめたくなり脱落していくだろう。だから、ここで、あえて、あきらめず、やりつづければ、抜きん出ることができるはずだ」と考えよう。

そう考えて続けよう。そうしていると、**天気も運気も変わるかもしれない**から。

同情！
それは隠れたものを
知る試金石となり、
知っていることを
聞き出す鍵《かぎ》となり、
すべての人々の
心を開くための
「開けごま」の呪文《じゅもん》となる

エルバート・ハバード

これは多数の名言をもつエルバート・ハバードのことば（薩摩美知子訳『簡単な人生』サンマーク出版）だが、精神科では、同情よりも**共感**（empathy）のほうがふさわしい。

人の話を聞く？　いや聴くのだ。「聴く」の字には耳が入っている。そして、こころも入っている。こころから聴く。

支持的精神療法という精神科では基本的な精神療法がある。全面受容、共感、支持の三点からなる。

「全面受容」は、ただひたすら聴くのだ。その後に「共感（同情）」するんだ。「わかるよ！　つらかったんだね」と。相手は「わかってもらえてる」と感じ、こころを開く。そして「支持」する。「また私に相談してね。私は君の味方だから」って。

さあ「開けごま」の呪文を知って勇気が出たところで、**人の中へ入っていこうよ！**

ふみ出せば
その一足が
道となる
その一足が
道である

わからなくても
歩いて行け
行けば
わかるよ

清沢哲夫《きよざわてつお》

思わず口ずさみたくなる、宗教家で哲学者の「道」という詩の一部である（『無常断章』法蔵館）。

まず進んでごらん、行けば見える風景が変わり、そうすると気分も変わる。新たな問題点の発見もできるだろうよ。

行きづまったとき、へこんだとき、岐《き》路《ろ》に立ったとき、こころが明るくなる。

進んでいくときはリズムがほしい。サクサク行きたいときもリズムがほしい。なにしろ大哲学者のことばだ。信じて口ずさんで実行してみる価値はある。

ちょっと戸惑い迷っている、人生途中で躊躇している方に紹介すると、「こころが軽くなりました」と喜ばれる名言でもある。

すべてのものには、学ぶべきことがある

ヘレン・ケラー

人でも、事態でも、否定すると向こうも否定してくる。

「人はされたようにする」という名言もある。「なんだ、この野郎！」と接すると、「おまえこそ、なんだ！」と否定してくる。「あなたはすてきだ」といって、「なんだ、この野郎！」と返す人がもしいたら、つきあう必要がない人で、これはこれで、人物が判定されただけで意味はある。

まず、すべてのものを見、認めるところからだ。否定はしない！　そして分析していくと、すべてのことから学ぶことができる。ヘレン・ケラーのこのことばは、**究極の精神療法的ことば**である（『奇跡の人　ヘレン・ケラー自伝』小倉慶郎訳　新潮文庫）。

愛することは、ほとんど信じることである

ヴィクトル・ユゴー

フランス・ロマン主義の巨匠《きょしょう》、詩人や小説家としても著名なヴィクトル・ユゴーは、信じることの大切さを、この名言をとおして説いている（「秋の木の葉」）。

思春期の子どもたちは、自己を求めてさまよう。ときに、異性と親密になり、家を出ていく騒ぎになる。もしくは、大幅な進路変更を宣言し、学者志望の成績抜群の青年が、突然、芸人志願を表明したりする。親はおろおろし、驚き、狼狽《ろうばい》する。しかしこれは、子どもたちが自分自身の価値観をもちはじめたということで、**成長過程では必ず通る道である**。

「好きにやっていいよ。信じているから」愛しているがゆえに、こう微笑みながら返してやろう。

人生については
誰もがアマチュアなんだよ。
誰だって初参加なんだ。
はじめて試合に出た新人が、
失敗して落ち込むなよ

伊坂幸太郎《いさかこうたろう》

これも診察室にやってきた方、特に**適応障害の人たちには勇気がもらえることば**として評判がいい。

人気作家、伊坂幸太郎の作品『ラッシュライフ』（新潮文庫）に登場する泥棒、黒澤のことばだ。これを収載した『名言力』（ソフトバンク新書）の著者、大山くまおは本文で、「初参加なら、失敗して当たり前でしょう。自信がないからと尻込みする必要もないし、失敗したからといって落ち込む必要もありません。堂々と失敗すればいいのです」という。

新人は失敗しても落ちこむな！　むしろ試合に出られて勇ましく戦った自分をほめろ！　尊敬しろよと。新入社員でへこんでいる方に喜ばれる。

泣きながら食事をした経験のない者には、人生の本当の味はわからない

ゲーテ

失敗や失意の体験により、私たちは多くを学び、しかも不安、恐れ、おののき、うつなどの精神症状を体験し、人生につきもののそれらがよくわかるようになる。そして、共感できる素晴らしいやさしいこころへと成長していくことができる。

うつ病を経て夫婦間の絆《きずな》が強まり、妻への、夫への考え方が変わったという人は、じつに多い。

喜び、楽しみ、成功一直線の人に、意外と他人の痛みがわからない残酷な人が多いのだ。

今の体験をどう見るか、どう向き合うか、どう分析するか、「精神科では苦しみ損はないよ」とは、よくいうフレーズ。

苦しむ、悲しむことによって得られる人間性は確かにある。

参考文献　順不同

ロバート・ハリス『アフォリズム』サンクチュアリ出版
岩波文庫編集部編『世界名言集』岩波書店
創元社編集部編『新版 ことわざ・名言事典』創元社
別冊宝島編集部編『人生の指針が見つかる「座右の銘」1300』宝島SUGOI文庫
アンデルセン　荒俣宏訳『アンデルセン童話集』新書館
ヘルマン・ヘッセ　高橋健二訳『デミアン』新潮文庫
キェルケゴール　斎藤信治訳『死に至る病』岩波文庫
バーナード・ショー　倉橋健・喜志哲雄訳『人と超人：ピグマリオン』白水社
エルバート・ハバード　薩摩美知子訳『簡単な人生』サンマーク出版
フリードリヒ・ニーチェ　白取春彦編訳『超訳 ニーチェの言葉』ディスカヴァー・トゥエンティワン
D・J・シュワルツ　桑名一央訳『心の力の魔術』実務教育出版
ジェームズ・アレン　坂本貢一訳『「原因」と「結果」の法則』サンマーク出版
ジェームズ・アレン　小山高生潤色・脚本『コミック版「原因」と「結果」の法則』サンマーク出版
G・K・ウォード　城山三郎訳『ビジネスマンの父より息子への30通の手紙』新潮文庫
オグ・マンディーノ　菅靖彦訳『この世で一番の奇跡』PHP文庫
ゲーリー・プレーヤー　青木安輝訳『ゴルフから学んだ誇りある生き方』青春出版社
ジーン・スコアー　内村祐之訳『スタン・ミュージアル伝』ベースボール・マガジン社

ラ・ブリュイエール　関根秀雄訳『カラクテール――当世風俗誌（上・中・下）』岩波文庫
アーネスト・ヘミングウェイ　福田恆存訳『老人と海』新潮文庫
ヘレン・ケラー　小倉慶郎訳『奇跡の人　ヘレン・ケラー自伝』新潮文庫
ド・ゴール　村上光彦・山崎庸一郎訳『ド・ゴール大戦回顧録』みすず書房
サマセット・モーム　行方昭夫訳『月と六ペンス』岩波文庫
ネガポ辞典制作委員会『ネガポ辞典』主婦の友社
林真理子『生き方名言新書1　もっと幸福になっていいよね！』小学館
美輪明宏『花言葉』ＰＡＲＣＯ出版
美輪明宏『楽に生きるための人生相談』朝日新聞出版
高橋歩『人生の地図』A-Works
高橋歩『自由帳』A-Works
水野敬也『「美女と野獣」の野獣になる方法』文春文庫
水野敬也・長沼直樹『人生はニャンとかなる！』文響社
小川忠洋『自分を不幸にしない13の習慣』アスコム
片田珠美『嫉妬をとめられない人』小学館新書
大山くまお『名言力』ソフトバンク新書
ひすいこたろう・柴田エリー『心が折れそうなときキミを救う言葉』ソフトバンク文庫
遠越段『心に火をつける言葉』総合法令出版

遠越段『人を動かす！　安西先生の言葉』総合法令出版
やなせたかし『絶望の隣は希望です！』小学館
井上裕之『なぜかすべてうまくいく1％の人だけが実行している45の習慣』ＰＨＰ文庫
大橋巨泉『それでも僕は前を向く』集英社新書
和田秀樹『自分は自分　人は人』新講社ワイド新書
下重暁子『家族という病』幻冬舎新書
匠英一『「強い心」を身につける1日1分の習慣』青春出版社
行正り香『行正り香の　はじめよう！　ひとりごはん生活』朝日新聞出版
ＮＨＫ『トップランナー』制作班編『ＮＨＫ「トップランナー」の言葉』知的生きかた文庫
大越俊夫『こう考えると、人生は変わるよ。』ＰＨＰ研究所
千田琢哉『たった2分で凹《ヘコ》みから立ち直る本』学研パブリッシング
保坂隆『精神科医が教える50歳からの人生を楽しむ老後術』だいわ文庫
桑原晃弥『スティーブ・ジョブズ全発言』ＰＨＰビジネス新書
宮本真由美『斎藤一人　すべてがうまくいくコツ49』ＰＨＰ研究所
小俣貫太（監修）清水克衛『斎藤一人のツキを呼ぶ言葉』知的生きかた文庫
さいふうめい『阿佐田哲也勝負語録』サンマーク出版
池田千恵『「朝4時起き」で、すべてがうまく回りだす！』マガジンハウス
藝神倶楽部編『ダザイズム　太宰治不滅の至言４５１』ビオ・マガジン

内村鑑三『一日一生』教文館
松下幸之助『松下幸之助　成功の金言365』PHP研究所
小林一三『私の行き方』PHP文庫
林修『いつやるか？　今でしょ！』宝島社
見城徹・藤田晋『憂鬱でなければ、仕事じゃない』講談社
芥川龍之介『羅生門・鼻』新潮文庫
三島由紀夫『私の遍歴時代』ちくま文庫
島崎藤村『春』新潮文庫
下村湖人『次郎物語』新潮文庫
萩原朔太郎『絶望の逃走』暁書房
石川達三『私の人生案内』新潮社
山本有三『定本版山本有三全集第十巻』新潮社
『現代人生論全集2　武者小路実篤集』雪華社
『ラ・ロシュフコー箴言集』二宮フサ訳　岩波文庫
『ありがとう、先生！』2013年　TOKYO FM発行
タキトゥス　国原吉之助訳『年代記〈上〉ティベリウス帝からネロ帝へ』岩波文庫
プルタルコス　柳沼重剛訳『饒舌について』岩波文庫
ジェームズ・ミル　小川晃一訳『教育論・政府論』岩波文庫

G・ダイキューゼン　三浦典郎・石田理訳『ジョン・デューイの生涯と思想』清水弘文堂
カリール・ジブラン　佐久間彪訳『預言者』至光社
パスカル　前田陽一・由木康訳『パンセ』中公文庫
郭沫若　平岡武夫訳『歴史小品』岩波文庫
エール出版社編『私の東大合格作戦』エール出版社
福原義春『私は変わった　変わるように努力したのだ』求龍堂
清沢哲夫『無常断章』法蔵館
斎藤学『「家族」という名の孤独』講談社
外山滋比古『「人生二毛作」のすすめ』飛鳥新社
マツコ・デラックス『続あまから人生相談』ぶんか社
蛭子能収『生きるのが楽になる　まいにち蛭子《えびす》さん』ＰＡＲＣＯ出版
プレジデントムック「女と男の心理×事件プロファイリング」プレジデント社
茂木健一郎「悪口には大きなチャンスが潜んでいる」プレジデント　２０１４年11月３日号
中村うさぎ「うさぎとマツコの往復書簡」サンデー毎日　２０１３年２月３日号
ＴＯＫＹＯ ＦＭ「ありがとう、先生！」ジブラルタ生命保険株式会社編集・発行２０１０年10月
藤田浩之「あの人とこんな話」朝日新聞　２０１３年10月14日
久本雅美　朝日新聞土曜版be　２０１３年６月22日
ジュディ・オング「元気のひみつ」朝日新聞土曜版be　２０１３年３月２日

吉田潤喜「人生に乾杯！」週刊朝日　２０１２年10月12日号
「全国保険医新聞」Women's Eye101　２０１５年12月25日
綾小路きみまろ「あすの安心　晴れ時々」読売新聞　２０１６年３月13日

参考ウェブサイト

名言ナビ　http://www.meigennavi.net/
故事ことわざ辞典　http://kotowaza-allguide.com/
名言から学ぶコーチング【名言集】　http://www.meigenshu.net/
心を奮い立たせるスポーツ選手の名言集－ＮＡＶＥＲまとめ　http://matome.naver.jp/odai/
名言の王国　http://meigennooukoku.net/
名言大全　http://sky.typepad.jp/mentalclub/
Web 漢文大系　http://kanbun.info/
まとめに　http://matomeni.com/
癒しツアー　http://iyashitour.com/
Ｏ３ＷＥＢ　http://03-web.com/
ウェブ石碑　http://sekihi.net/
地球の名言　http://earth-words.org/
名言＋Quotes　http://meigen-ijin.com/

あとがき

ひとつずつ名言を書いていくにつれ、このことばで笑顔になった方のことが鮮やかによみがえります。つくづく、ことばの力はすごいなあと改めて実感させられました。

診察室にやってきた方に語りかけると、私の耳から私の脳に名言が入ってきます。

もちろん診察にいらした方の助けにはなったのでしょうが、この弱い私も幾度となく勇気づけられ幸せになりました。ありがとうございます。

最後に、土浦メンタルクリニックに勤務するきっかけを与えてくださった元筑波大学臨床医学系精神医学教授・白石博康先生と、温かい眼差しで自由に勤務しつづけることを許してくださっている医療法人新生会理事長・鈴木守先生に深謝いたします。さらに、最後まで見守り、的確なアドバイスをしてくださったさくら舎の古屋信吾さんと猪俣久子さんに感謝します。

上月英樹（こうつき・ひでき）
一九五三年、山形県に生まれる。精神科医。医療法人新生会土浦メンタルクリニック所長。山形東高校から筑波大学医学専門学群を卒業後、日立総合病院内科研修医を経て筑波大学精神科へ入る。筑波大学精神科准教授を経て、二〇〇四年に豊後荘病院へ。副院長のあと二〇〇七年より土浦メンタルクリニック所長。この間、一九九〇～九一年にかけて、文部省（現・文部科学省）在外研究員としてメルボルン大学オースチン病院の青年期部門に留学した。
専門は、青年期精神医学、うつ病、不安障害。趣味は「世界の名言、格言集め」と酒。

ことばセラピー

精神科医《せいしんかい》が診察室《しんさつしつ》でつかっている効《き》く名言《めいげん》

二〇一六年六月一一日　第一刷発行

著者　上月英樹《こうつきひでき》
発行者　古屋信吾
発行所　株式会社　さくら舎　http://www.sakurasha.com
東京都千代田区富士見一-二-一一　〒一〇二-〇〇七一
電話　営業　〇三-五二一一-六五三三
編集　〇三-五二一一-六四八〇
ＦＡＸ　〇三-五二一一-六四八一
振替　〇〇一九〇-八-四〇二〇六〇

装丁・本文デザイン　平澤智正
印刷・製本　中央精版印刷株式会社

ISBN978-4-86581-055-4